少年愛讀世界史

8 近世史 II

鐵血宰相俾斯麥的時代

管家琪——著

總序

為什麼我們要讀世界史？

管家琪

也許你會遇上這樣一個朋友：她特別好強，成績一直名列前茅，對自己和周圍的人都有些苛刻，可是對小動物和大自然卻有著純粹的愛心。也許你會好奇，她的家是什麼樣子？她的爸爸媽媽是做什麼的？又是怎麼教育她的？為什麼她會在如此熱愛大自然的同時，對人似乎總是不大友善。

也許你又遇上另一個朋友：他比較文靜，平時很少主動說話，下課時間總是趴在桌上睡覺，你知道他住得挺遠，放學後總是一個人坐著公車離開。也許你會好奇，為什麼他會到這麼遠的地方來上學？當初這是他爸爸媽媽還是他自己的意思？現在他們全家又是怎麼看待這個決定的？

也許你還遇上一種朋友：她為人隨和，很少和大家在一起哄鬧，也很少有什麼強烈的意見，從來不會刻意要求什麼，身邊總有幾個朋友，但是真正算得上深交的好像又沒幾個。也許你會好奇，她的過去是什麼樣子？在她的成長之路上有沒有發生過什麼特別的事？為什麼她似乎總是很難真正對別人敞開心扉，似乎總是與人保持著一定的距離？

如果我們不了解一個人的成長背景，包括生活的經歷，便無法明白一個人為什麼會成為現在這個模樣。單獨一個人是如此，由許多人所組成的社會、民族、國家，以及文明，也是如此。

這個世界在我們到來之前，已經存在了很長很長的時間。各個民族與文化，在不同的地理環境中，自然而然的成長，經歷過不同的世事變遷，孕育著他們各自對世界的理解，然後漸漸成為我們今天所認識的各個國家。過去的人，他們所經歷的過去事，透過文物證據與文獻記載所留下的寶貴資料，再經由後人的發掘、考證與解讀，就成了我們今天所看到的歷史。

總之，如果不了解歷史，我們便無法明白世界為什麼會成為現在這個模樣；而如果不了解世界現在的模樣，我們便難以給這個世界塑造一個更理想的未來。

這套【少年愛讀世界史】所講述的範圍是整個世界，而不是某一個地區、民族或國家。在二十世紀六十年代以前，以個別民族國家作為歷史研究的單元（比如說中國史、英國史、法國史等等），一直被認為是最合適的方式，那麼，為什麼現在我們需要從整體世界的角度來講述歷史呢？

這是因為到了二十一世紀，我們需要一個全球化的視角與觀點。隨著時代的變化，尤其是網路的發展與全球性移民不再是特殊現象以後，人與人之間的交流益發頻繁。現代的居民、不管是住在哪裡的居民，也比過去更容易在生活中遇見與自己截然不同歷史文化背景的鄰居。過去在很長一段時間之內，用來區隔人與人的民族、國家等社會學的邊界概念已逐漸被沖淡，一個嶄新的、以全人類為背景的人類文化正在逐漸形成。

同時，與二十世紀末一派樂觀的地球村情緒不同，二十一世紀的我們，正面臨著全球化在城市與鄉鎮發展極為不平均的困境。在當今保守主義的右傾與排外思潮的崛起下，如何平衡多元文化與傳統文化的衝突，也是二十一世紀世界史所需要思考的問題。

所以我們應該讀世界史，而且需要有系統的、順著時間脈絡來讀世界史。

這就是這套【少年愛讀世界史】的特色，這套書側重西洋史，但也會不時呼應、對照同一時期的中國史；這套書注重時間感，也注重人物，因為歷史本來就是「人的故事」，而且注重從多角度來呈現一件件重要的史實。

最後，感謝字畝文化，讓我有機會來做這樣一個極有意義的工作。也感謝老友伯理，給了我極大的協助，讓我能順利完成這套世界史。

目次

第六章 補充：近代西方的科學與文藝突破

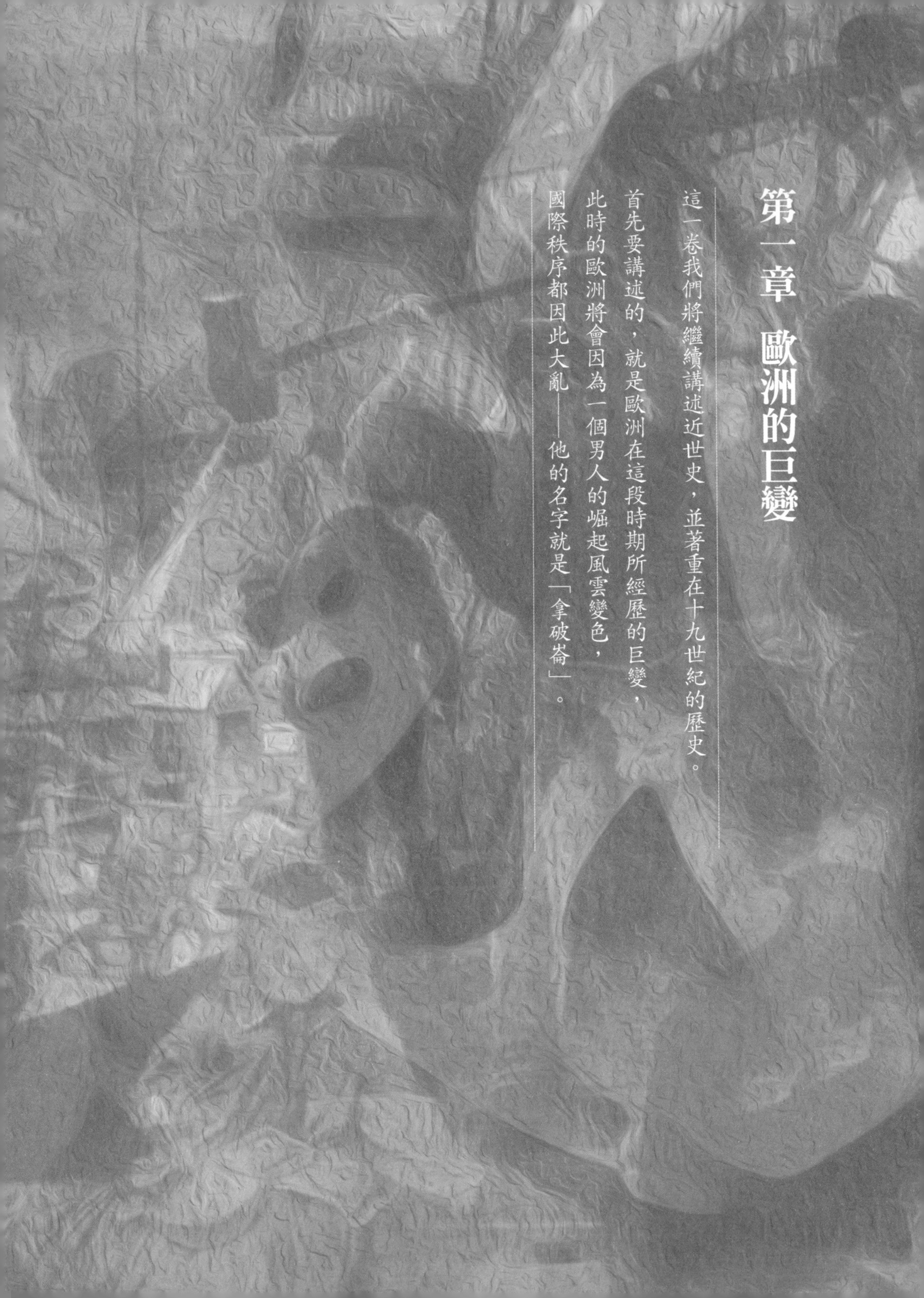

第一章　歐洲的巨變

這一卷我們將繼續講述近世史，並著重在十九世紀的歷史。

首先要講述的，就是歐洲在這段時期所經歷的巨變，此時的歐洲將會因為一個男人的崛起風雲變色，國際秩序都因此大亂——他的名字就是「拿破崙」。

1 叱咤風雲的拿破崙

科西嘉島位於地中海之中，是法國最大的島嶼。一七六九年，就在法國剛剛將原屬於熱那亞的科西嘉島納入版圖，這一年的八月，拿破崙（一七六九～一八二一年）出生於科西嘉的首府阿雅秀，這裡在過去是一個古老的漁港。

拿破崙的家族源自義大利，屬於科西嘉普通的貴族階層。他在年少時並不認同自己是一個法國人，總希望有一天科西嘉島能夠從法國獨立出去。

拿破崙出生的時候，是路易十五（一七一〇～一七七四年）在位晚期。路易十五是「太陽王」路易十四（一六三八～一七一五年）的曾孫，他幼年即位，在位五十九年，在執政早期到也頗受人民的愛戴，到了後期，因為宮廷生活益發糜爛，很多社會問題、諸如經濟問題又都日趨嚴重，愈來愈不得人心。

在路易十五死於天花、路易十六（一七五四～一七九三年）隨即繼位的那一年，拿破崙當時五歲。九歲時，他離開科西嘉前往法國本土求學，先進入奧頓中學，後又進入布希恩軍校。拿破崙的個子矮小，加上又是從外地來的，一開始經常被同學們欺負，不過他非常頑強，最終贏得了同學們的尊重。他的學業成績並不算是多麼出色，不過對數學和歷史頗有心得。

十五歲，拿破崙自布希恩軍校畢業，被選送到法國巴黎軍官學校，專攻炮兵學。翌年，由於父親過世，家境不佳的拿破崙就提前畢業，進入拉費爾軍團，並被授予炮兵上尉軍銜。

在隨著部隊駐防各地期間，拿破崙把握各種零碎的時間積極自修，他讀書的範圍相當廣泛，涉及數學、建築學、應用物理學、各國風土人情等等，他特別喜歡讀有關「古代世界最著名的征服者」亞歷山大大帝（西元前三五六～前三二三年）的戰史（我們在卷二《上古史I》介紹過他），也很喜歡讀法國啟蒙思想家盧梭（一七一二～一七七八年）的作品。

還記得嗎？我們在卷七《近世史I》中提到過，盧梭學說的特點之一在於，無論是民主或是獨裁政治，都可以從他的理論中找到依據。因此，日後拿破崙雖號稱「革命之子」，卻沿襲開明專制帝王的精神；他忽視主權在民而實行絕對君權，注重秩序和階級，強調平等又不重自由；在

拿破崙是法國的軍事將領，擁有軍事才能，曾多次率領軍隊對抗歐洲反法同盟。圖為《拿破崙翻越阿爾卑斯山》，收藏於凡爾賽宮。

基於財富和對國家的貢獻上，重建了貴族制度等等，這些乍看好像有些矛盾，實際上按盧梭的學說卻都可以說得通。

拿破崙的崛起

一七八九年，「法國大革命」爆發的時候，時年二十歲的拿破崙回到了科西嘉島，原本希望趁機推動科西嘉島的獨立，但受到了另外一個親英派的強烈反對。

緊接著，法國的局勢動蕩不安，在大革命初期，君主立憲派掌握了政權，他們代表的是自由派貴族和資產階級的利益，然後就建立了君主立憲制。

不久，國王路易十六企圖勾結國外勢力進行反撲，卻終告失敗。一七九二年，國民公會宣布廢除君主政體而改建共和。翌年，路易十六被處死，他是法國歷史上唯一被處死的國王，是歐洲歷史上**第二個被處死的國王**。

就在路易十六被處死的同一年，英國、普魯士王國、西班牙帝國等國家組成「第一次反法同盟」。四年後，這個同盟被拿破崙所率領的法國、義大利陣營的聯軍打敗，被迫議和而土崩瓦解。

第二個被處死的國王——歐洲歷史上被處死的國王一共有三位，都是在從封建社會過渡到現代社會的革命中被處決的，分別是英國國王查理一世（一六〇〇～一六四九年），他在內戰過後被處死，我們在卷七《近世史Ⅰ》中講述過這段歷史；法國國王路易十六，在法國大革命中被處死；俄皇尼古拉二世（一八六八～一九一八年），在「二月革命」和「十月革命」之後被祕密處決。

其實，在處死路易十六、法國大革命達到了高潮時，同年年底，時年二十四歲的少校拿破崙就統兵擊敗了保王黨勢力和英軍，受到了當時掌權的「雅各賓派」的賞識，被破格升為准將。從少校一下子跳到准將，這在歐洲軍事史上可是首次紀錄。

隔年，拿破崙受到政治鬥爭之累，又因拒絕到義大利的步兵部隊服役，而被罷免了准將的軍銜，可是一年之後的十月初，當兩萬五千名群眾攻擊國民公會時，幸賴拿破崙以政府軍平定了動亂，恢復了巴黎的秩序，他也因此在一夜之間榮升為陸軍准將兼巴黎衛戍司令。

這是拿破崙走向政治權力的開端，這年，他不過二十六歲。從此，被形容為「其貌不揚、又矮又黑」的拿破崙，正式成了法國政壇一顆光芒萬丈的新星。

拿破崙的崛起，既是「時勢造英雄」，也是「英雄造時勢」，因為他擁有卓越的軍事才能，被譽為「天才統帥」。他總能精準的找到敵方防線的弱點，然後在決戰的適當時刻集中火力猛攻，

拿破崙在 1804 年稱帝後，加冕妻子約瑟芬為皇后。

只要把這個弱點突破或是削弱，敵方陣線就會全面崩潰。

在一七九五年，也就是「第一次反法同盟」組成大約兩年後，普魯士、西班牙等國家已與法國締和，英軍亦撤出歐陸，法國實際上已經重挫了這個同盟。但因英、奧兩國與法國仍處於戰爭狀態之中，當時的督政府決定先對付奧國，要以三路進擊，其中一路的義大利軍便是交由拿破崙來統領，命拿破崙把奧軍趕出義大利，然後出提羅爾（位於奧地利西南）與另外兩軍會合。一七九六年三月，拿破崙剛剛迎娶了貴婦**約瑟芬**（一七六三～一八一四年），婚後兩天，他就告別了嬌妻，啟程前往義大利。

接下來，另外兩軍都在德境遭到了挫敗，拿破崙在義大利卻創下了非常輝煌的勝利紀錄，威震全歐。

到這個時候，「第一次反法同盟」已告解體，只有英國尚未妥協，仍在海上與法軍作戰。

拿破崙凱旋歸國，督政府對他又嫉又懼，授予他對英國用兵之權。可是拿破崙認為，此時要對英國本土作戰，時機還不夠成熟，英法海峽又不易渡過，建議不妨進攻埃及，拿下埃及就可順

約瑟芬——約瑟芬與拿破崙的故事是許多文學和影視作品很喜歡發揮的題材。約瑟芬是拿破崙的第一任皇后，她比拿破崙年長六歲，兩人認識時，約瑟芬已是兩個孩子的母親，是一個寡婦。她不是普通的女人，以美貌、才智與極為高明的社交手腕聞名於巴黎上流社會，甚至在法國大革命時，曾因為其美貌而免於被賜死。

約瑟芬認識拿破崙僅僅三個月就嫁給了他，兩人的婚姻維持了十三年，但是因為始終沒有孩子，拿破崙考慮到自己龐大的帝國無人繼承，只得忍痛與約瑟芬離婚。不過在離婚後，他給了約瑟芬一系列的優待，包括保留了她皇后的尊號。約瑟芬搬出去之後，拿破崙經常去看望她，在她死後（享年五十一歲），還在她的墳上痛哭。

勢進軍印度，這麼一來，就算暫時不向印度進軍，可由於此時印度是英國的殖民地，占領埃及之後至少可以切斷英國與印度的交通線，如此就可達到打擊大英帝國的目的。

於是，一七九八年五月，拿破崙佯做即將攻打英國的樣子，實際上卻是出其不意的登陸了埃及。

在拿破崙的遠征軍中，除了兩千門大炮，還有一百多名各行各業的學者，以及上百箱的書籍和研究設備。在出發之前，拿破崙還特地下令，要讓馱行李的驢子和學者走在隊伍的中間，因為這樣比較安全。

後來，拿破崙遠征埃及之舉，儘管在軍事上並不能算是十分成功，可對於文化上的貢獻卻非常巨大，至少世人之所以能夠了解世界四大古文明之一的埃及文化，以及埃及文化能夠如此廣泛的融入西方文化，都和拿破崙帶著那麼多的學者一起遠征埃及，有著非常密切的關係。

法國畫家弗朗索瓦．路易斯．約瑟夫．瓦托的作品，描繪拿破崙遠征埃及的場景。

拿破崙遠征埃及後，帶回法國的羅塞塔石碑，上頭刻有古埃及象形文字等三種古代文字，成為後世研究者得以成功解讀古埃及文字結構與意義的重要依據。

個人統治的開始

法國進攻埃及，引起了俄國的不安，再加上奧國也不滿法國在德境的政策，於是，一七九八年年底，英、俄締結同盟，奧國、那不勒斯、葡萄牙和土耳其加入，是為「第二次反法同盟」。

與此同時，在法國國內保王黨的勢力也在逐步增強，一七九九年八月，拿破崙暫時將埃及指揮權交給部屬，乘著小船，非常機智的避過英國海軍在地中海的封鎖線，回到了巴黎，發動政變，建立了執政府。

執政府時代是拿破崙個人統治的開始。一八〇二年，時年三十三歲的拿破崙成為終身第一執政，且有權指定繼任人。兩年後，拿破崙加冕稱帝，把共和國變成了帝國，在位期間稱為「法國人的皇帝」，自將近一千年前的查理三世（約八三九～八八八年）以來，他是歷史上第二位享有此尊

《帝國寶座上的拿破崙》，為法國新古典主義畫派的安格爾的作品。畫中拿破崙坐在寶座上，手持權杖，象徵帝王權威。

號的法國皇帝。

拿破崙的帝國是一個新舊秩序混合的帝國。他勤奮理政，到四十五歲退位（一八一四年）為止，每天工作達十八個小時，平均每天發布十五件命令或公文等等。一八〇七至一八一二年，也就是在拿破崙三十八歲至四十三歲之間，是他勢力的巔峰。

拿破崙的文治武功都很可觀，譬如，他打垮了三次「反法大同盟」，多次對外擴張，取得五十幾場大型戰役的勝利，成為義大利國王、萊茵聯邦的保護者、瑞士聯邦的仲裁者、法蘭西帝國殖民領主（殖民領地包括法國的殖民地，以及荷蘭和西班牙的殖民地等等），主宰歐洲的程度之深，較當年的查理五世，有過之而無不及。

在最輝煌的時期，整個歐洲除了英國以外，其餘各國都向拿破崙臣服或是與之結盟，形成了龐大的拿破崙帝國體系，創造了一系列軍政奇蹟。

對內，他結束了法國大革命前後長達十年（一七八九～一七九九年）的暴亂，恢復了法國的社會秩序；解決了困擾已久的宗教問題，與教皇簽定協約，規定法國大主教及主教由法國政府指派，但需經教廷認可，教士由政府支薪，教皇承認革命時期法國政府充公的教產等等。

拿破崙最大的成就，還是屬他從一八〇四至一八一〇年間，有系統的整理法律而完成的《拿破崙法典》。自法國大革命以來，新舊法律混亂，拿破崙指派專家認真研究和整理，他本人也經常參與其事（尤其是《民法》），然後在一八〇四年完成《民法》，一八〇六年完成《民事訴訟法》，一八〇七年完成《商法》，一八〇八年完成《刑事訴訟法》，最後於一八一〇年完成《刑法》。

這些法律在今天看來，固然有些地方不大合適，比方說，提高父權、降低女人的地位、猜忌銀行家而限制他們的權利等等，但至少在當時，還是涵蓋了法國大革命的精神，譬如法律之前人人平等、准許有限度的離婚、廢除長子繼承制（讓子女都可以來分遺產）等等。

司法制度也有所改變，除了地方保安法官之外，法官不再經由選舉產生，而改由政府任命，政府不得隨意將法官免職，要保持法官的獨立性。此外，法院組織和財政也都趨於制度化，建立許多專職官員，包括由政府委派的常任稅務人員等等。

可以說拿破崙在內政方面的諸多舉措，有效保護了法國大革命的成果。

拿破崙執政時期，最關注的還是戰爭與外交，不過，隨著民族主義的興起，使得拿破崙受到的抵抗愈來愈大。

一八一四年，時年四十五歲的拿破崙被迫退位，隨後被流放至義大利的愛爾巴島。拿破崙感慨萬千的說：「在我看到愛爾巴島之前，我曾所向無敵。」

在被囚禁了將近一年之後，翌年二月底，拿破崙逃出愛爾巴島，三月重返法國，集結軍隊，把剛剛復辟的波旁王朝推翻，再度稱帝。

歐洲各國迅速組成「第七次反法同盟」，參與的國家包括英國、俄羅斯、普魯士、瑞典、奧地利與幾個德意志邦國，他們都宣稱拿破崙是罪犯，而不是法國皇帝。

三個多月以後，法軍與反法聯軍在比利時小鎮滑鐵盧進行了決戰，被稱為「滑鐵盧戰役」，這是拿破崙一生中最後一場戰役，也是決定西方十九世紀歷史走向的關鍵一役。戰爭結果，拿破崙戰敗，他的「百日王朝」告終，帝國徹底結束，他也被再次流放，而且他這回被流放的地點幾乎沒有逃脫的可能，那是隸屬於英國、孤懸於南大西洋中的聖赫勒納島。

滑鐵盧戰役是軍事史上的重要戰役之一。在這場戰役後，拿破崙戰爭正式終結。

拿破崙的餘生一直待在聖赫勒納島，六年之後，他在島上病逝，享年五十二歲。在他過世十九年之後（一八四〇年），拿破崙的靈柩被迎回巴黎，隆重安葬在塞納河畔的巴黎榮軍院（巴黎傷殘老年軍人院）。

2 維也納會議

自一八一四年九月至翌年六月，在拿破崙勢力瓦解、拿破崙被流放至愛爾巴島以後，為了重建歐洲政治秩序，列強在維也納召開會議。這個會議舉行在「滑鐵盧戰役」之前。一八一五年六月九日，列強簽定《維也納和約》，同月十八日就發生了「滑鐵盧戰役」。

這個被拿破崙「百日復辟」中斷過的「維也納會議」，後來會議的結果，主導了此後歐洲至少半個世紀的歷史。

著手重建歐洲秩序

廣義的《維也納和約》，是從維也納會議正式召開那年三月簽定的《秀蒙條約》開始算起，也包含之後的兩次《巴黎條約》、《維也納條約》和《四國同盟條約》。

從一七九三年（也就是法國大革命爆發四年後）到一八一五年，歐洲列強前後一共組成過七次反法同盟，與法國進行了長達二十多年的戰爭，頭兩次稱為「法國大革命戰爭」，後五次稱為「拿破崙戰爭」。

在七次反法同盟的行動中，前五次同盟軍都是以失敗告終，拿破崙所統治的法國也因此成為歐洲大陸的霸主；第六次反法同盟終於取得了勝利，推翻了「法蘭西第一帝國」，拿破崙則被流放至愛爾巴島，在法國歷史上本已滅亡的波旁王朝也隨之復辟；第七次反法同盟則在之後的「滑鐵盧戰役」中，徹底擊敗了試圖東山再起的拿破崙。

我們現在先把時間聚焦在拿破崙被流放到愛爾巴島之後。反法同盟之所以終於打了勝仗，究其原因，關鍵固然在於拿破崙征俄的失敗，但奧國以及普魯士長期堅決的反法態度，也是拿破崙勢力覆亡的主因。英國雖然也始終與法國大革命和拿破崙為敵，但在反法同盟中的影響力，卻不如奧國和普魯士那麼重要。簡單來講，在反法同盟中，英國、俄國、奧國和普魯士是主要的力量，西班牙、葡萄牙和瑞典等國家次之。

在一八一四年三月，巴黎被反法同盟軍占領，同盟軍要求法國無條件投降，同時拿破崙必須退位（後來拿破崙是在四月中以後被流放至愛爾巴島）。就在三月、同盟軍取得勝利之後，英國、俄國、奧國與普魯士四國簽定了《秀蒙條約》，規定大家要繼續同盟二十年，來維持歐洲和平。

等到拿破崙退位而且也被流放了之後，同年五月，同盟國與復辟後的法國波旁王室簽定了《巴黎和約》，這是《第一次巴黎條約》。此時同盟國為了加強波旁王室的聲望以及籠絡法國人民，對法國做出非常寬大的處理，包括法國可以保持在一七九二年（也就是法國大革命爆發的三年前）十一月以前的疆域，這實際上比法國在爆發大革命時的疆域還要大，還有同盟國放棄要對法國索賠等等。

《第一次巴黎條約》簽定之後一個多月，拿破崙在「滑鐵盧戰役」中遭到慘敗，第二次被流放，「拿破崙戰爭」至此正式結束。

由於法國大革命和拿破崙戰爭在歐洲造成了翻天覆地的變化，等到拿破崙戰爭終於落下帷幕之後，整個歐洲自然面臨著政治重建的問題。為了通盤性的解決這個問題，列強遂決定在維也納召開會議。

主導會議的靈魂人物：梅特涅與塔列蘭

「維也納會議」召開的時間為一八一四年的九月至翌年六月，長達九個月左右。好幾個國家的君主，包括奧皇、俄皇、普魯士王、丹麥王等等，都參加了這場盛會，一時之間，維也納真是冠蓋雲集。

會議的主席是奧國的首輔兼外相梅特涅（一七七三～一八五九年），他是這場會議的中心人物，時年四十一歲。

由於梅特涅的父親擔任過奧國駐萊茵地區諸選侯邦的使節，因此他在很多地方都親眼目睹過，法國大革命所造成的影響與暴亂，這使他終生都對革命思想痛恨不已。從三十六歲開始，梅特涅被奧皇任命為首輔，並主管奧帝國的外交政策。梅特涅是一個現實主義的政治家，也是歐洲保守主義的代表性人物，他視法國大革命的思想是洪水猛獸，認為那只會破壞社會秩序。

維也納會議召開之後，英、奧、俄、普四國就把持了一切，別說身為戰敗國

奧地利外相梅特涅，由他主持的維也納會議，以維持歐洲均勢、避免歐洲發生戰亂為目標。圖為 1815 年的梅特涅。

的法國不受重視，就算是同盟國中的西班牙、葡萄牙和瑞典，也頗受忽視。但是法國時年六十歲的外相塔列蘭（一七五四～一八三八年），是一個非常厲害的角色，為法國爭取到了很大的利益。

塔列蘭一出席會議，馬上就提出所謂「神聖的正統原則」，主張正統王室應當有其正統的利益。此時俄國正在圖謀波蘭，普魯士則正欲在德境擴張，所以俄、普兩國原本對此原則並不贊同，但因梅特涅有感奧國經不起民族主義和自由思想的衝擊，再加上他本來就對自由主義、民族主義這些東西沒有好感，所以就熱烈響應了塔列蘭的主張。這麼一來，這個會議不管怎麼開，對法國都不至於太過不利，因為剛剛復辟不久的波旁王室，正具有絕對的正統性。

接下來，塔列蘭非常敏銳的察覺到，會議已被英、奧、俄、普四強所掌控，於是立刻展開長達兩個多小時的抨擊，比方說，塔列蘭故意裝糊塗，奇怪的問為什麼沒有看到葡萄牙和瑞典的代表？為什麼議定書上有幾段文字出現了「同盟」一詞，質問這是什麼意思？不會是為了要一同反對拿破崙吧！拿破崙已經被流放

塔列蘭是法國有名的外交家。在拿破崙勢力倒臺後，他於諸多會議中，爭取到有利於法國的結果。圖為 1817 年的塔列蘭。

啦……總之，在塔列蘭出席會議之前，英、奧、俄、普四強經過暗箱操作，其實已經達成若干默契，可結果就在塔列蘭一連串明知故問的隆隆炮火聲中，全部遭到了推翻。

再加上塔列蘭十分聰明的運用了四強之間的利益矛盾，就這樣，身為戰敗國的法國，居然成功打入了會議的核心。

最後，維也納會議決定要採用以下兩個原則來處理問題：

● 恢復原貌的原則

恢復歐洲在一七八九年（也就是法國大革命爆發以前）的政治和社會狀態。

● 補償的原則

在「重建歐洲秩序」的原則下，對於那些在領土劃分中失掉土地的國家，予以補償。

此外，會議也規定今後要開放國際河流。同時，英國外相因為受到國內輿論的壓力，提議大西洋區今後禁止奴隸販賣，也獲通過；只不過雖然通過了，但因法國、西班牙和葡萄牙都不願停止奴隸貿易，所以實際上並沒有什麼實質的成效。

◆會議結果與保守主義

《維也納條約》在一八一五年六月九日簽定，就在六月十八日「滑鐵盧戰役」發生前的九天。由於拿破崙的「百日復辟」失敗，自然無法推翻維也納會議的決定，可是同盟國對法國的處理態度，卻因拿破崙試圖捲土重來而發生了一些變化；同盟國家認為，既然拿破崙「百日復辟」得到法國人民的支持，說明不僅法國軍人黷武成性，就連法國人民也是十分好戰，因此應該給予懲罰，尤其普魯士堅持，要用嚴厲的態度來對待法國，後來是在英國外相的斡旋、並且得到俄國和奧國的支持下，對法國的處理才終於比較寬大。於是，一八一五年十一月二十日，英、奧、俄、普四國與法國簽定了《第二次巴黎條約》。

按這個條約的規定，法國疆域需改以一七九〇年（法國大革命爆發一年後）的情況為準，這使得法國在比利時邊境和瑞士邊境一帶喪失了部分的領土；以及要賠款七億法郎；同盟聯軍得以占領北部和東部邊境的十七個要塞，為期五年；法國在戰爭期間所掠奪的他國藝術品，也都必須歸還等等。

主導維也納會議、努力想在拿破崙戰爭之後重整歐洲新秩序的政治家，都是屬於保守主義者，他們都是舊秩序之下的貴族，不免總是用過去的外交原則來應付當時的情況，更何況他們都深受法國大革命和拿破崙戰爭之苦，因此相當敵視法國大革命的原則與精神，總希望恢復在法國大革命爆發之前、舊秩序之下的制度與理想。這也是維也納會議日後飽受十九世紀以後的民族主義分子，以及民主政治運動者攻擊的原因，因為民族主義與民主政治是形成十九世紀歷史的兩種主要力量。

無論如何，主導維也納會議的政治家們還是普遍都具有某種「大同」的理念，相信歐洲若要

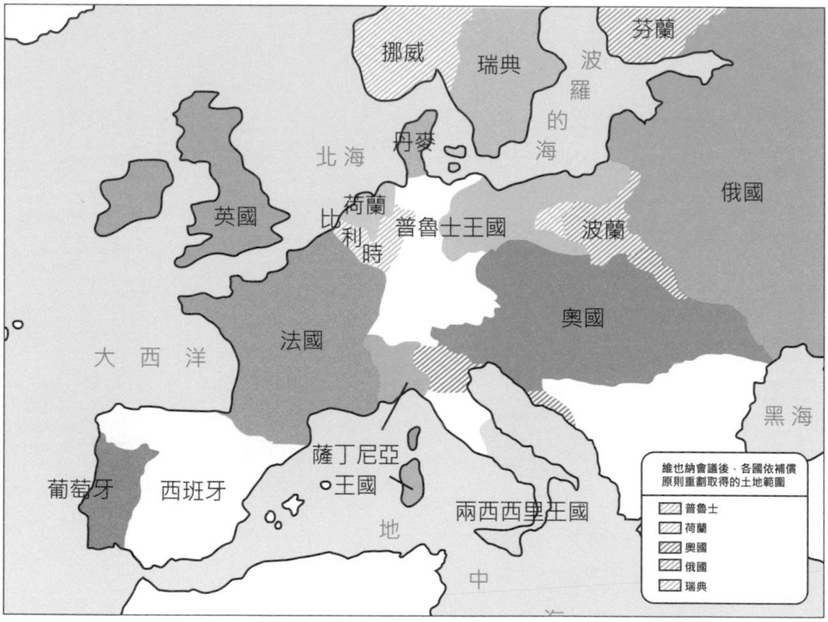

維持持久的和平，就應該保持各國的均勢，就連法國外相塔列蘭都認為好一段時間以來，法國實在是擴張得太過分啦。

十八世紀的歐洲國際秩序，就是一種相當均衡的狀態，因此，主導維也納會議的政治家們最大的用意，就是希望保持各國的主權與獨立，使任何一個國家都不至於遭到某一強國的支配，這就是所謂「歐洲的自由」。在這樣的目標之下，維也納會議確實使歐洲大致恢復了在法國大革命爆發之前的形勢——法國仍然不失為一個西歐大國，奧國與普魯士在德意志境內爭雄，俄國則加速介入歐洲的政治，英國雖然聲勢最大，但並未直接併取歐洲大陸上的土地。

儘管《維也納和約》並沒能完全解決歐洲的政治重建以及領土分配的問題，可是如果把它與在「三十年戰爭」結束後、於一六四八年所簽定的《西發里亞和約》，以及日後在第一次世界大戰結束後、於一九一九年的巴黎和會來做比較，就會發現《維也納和約》還是有不錯的成績，包括在西歐維持了往後近半個世紀的和平，在東歐使得俄、普、奧國，建立了幾乎長達一個世紀的穩定界限。此外，在和約中，對領土的劃分也成為此後歐洲政治的基礎。

3 工業革命

工業革命與法國大革命都發生在十八世紀，二者造成了民族主義、民主政治、工業化與社會主義的興起，這些都成為創造十九世紀以後歷史的原動力。其中，工業革命實在是近世史上的一樁大事，奠定了近代西方文化中經濟生活的基礎，並從而深深影響了西方的政治、社會乃至思想等各個層面。

工業革命的背景

一般認定工業革命發生在十八世紀的中期，並首先在英國展開，不過，就像法國大革命在爆發之前有著特有的背景因素一樣，工業革命也早有淵源，就歐洲而言，包括以下幾個重要因素：

資本與商業化

自文藝復興時代以來就興起的資本活動與銀行業，再加上後來發展迅速的商業組織，以及貿易範圍擴大形成的商業革命，進而產生了以追求利潤為目的的投資者，他們先是在商業、銀行、造船等方面投資，之後又慢慢轉移注意於工業。

● 農業革命

在十五至十八世紀之間，由於糧價的提高和都市人口的增加，再加上其他政治與經濟的因素，使農業生產有了若干新發展而形成農業革命，這使得農業對於老百姓來說，不再像過去那般只能勉強糊口，而是可以積累出不錯的資本，還使部分勞動力得以離開農村，自然有助於之後工業的生產。

● 海外殖民

在地理大發現以後，由於海外殖民地的發展，重商主義的興起以及人口的增加，市場遂不斷擴大，原料的供應也不虞匱乏。

● 思想革命風潮

自十六世紀以後，歐洲在政治方面興起了各國並立的列國制度，十七、十八世紀的思想革命，使得學術思想突破了傳統的藩籬，有助於革新。

工業革命可以說是在商業革命、農業革命、思想革命等，好幾種影響之下所產生的一個必然的結果，而這個運動之所以最早是在英國展開，是因為英國最早具備齊全了工業發展的條件，譬如：

● **天然資源**

英國擁有豐富的煤與鐵，亦出產羊毛，並擁有出產棉花的殖民地。

● **地理環境**

英國屬於島國，在擁有強大的海軍與商船隊來維持海外交通的前提下，可以利用便宜的水運一方面輸送原料到工廠，另一方面則輸送成品至港埠。

● **農業革命基礎**

英國不僅商業興盛，農業革命又是歐洲最成功的，這些對於英國的工業化都大有助益，因為資本化了以後，就會有資本投資在新興事業，比方說，原本販賣煙草的商人現在有資本，便可以跑去投資當地的工廠，像這樣的例子比比皆是。

● **金融業**

英國的金融與銀行事業相當發達，有利於調節資金。

● **勞動力**

英國人口在十八世紀時本來就已大幅增加，農業革命又使多出來的勞動力可以轉用於工業。

海外市場

英國商人早就在歐陸、北美、非洲和亞洲建立了海外市場，在法國大革命與拿破崙戰爭時期，英國貨物又進入到拉丁美洲，以市場而言，真可說是無遠弗屆。

海運發展

在運輸方面，英國的優勢也極為明顯；在工業化之前，其海運事業已相當發達，在十八世紀以後，又大規模修路、開河，因而海上交通十分方便。

政治環境

英國的政治與社會環境對於促進工業發展亦相當有利。首先，光榮革命以後，專制王權在英國已經不復存在，國會廢止了不少妨害自由競爭的法規；其次，儘管十八世紀的英國政治，距離現代民主制度還頗為遙遠，可是與當時的歐陸相比卻已經是相當自由，因此吸引了很多來自歐陸各個國家的移民。

社會氛圍

最後，英國的社會氛圍比較奮發，光是貴族，就可以說是當時歐洲貴族中最不具排外性的，而且擁有財富的人不難晉爵，這一點也與歐陸仍然只重血統的貴族大不相同，頗能鼓舞工業的發展。

初期工業革命

英國的工業革命始於紡織業（特別是棉紡織業）的機械化與動力化，這兩者也是工業革命最大的特徵，而且兩者都帶動了連鎖性的發展，比方說，在織布機大大加快了織布的速度之後，紡紗便開始供不應求，緊接著紡紗機也就出現了；在棉紗大量生產以後，動力織布機也隨之誕生；而為了因應對棉紗的大量需求，又出現了軋棉機，能夠迅速把棉籽和纖維分開，利於高效率的紡紗。

在動力化方面，在工業革命以前，能源主要是靠人力與獸力來供應，只有百分之十五至二十是靠風力，但是自從開始走向動力化之後，一切就都不一樣了，一個嶄新的時代來臨了。

在十八世紀之初已經出現了蒸汽引擎，接下來經過半個世紀左右的研發，一七七六年，瓦特（一七三六～一八一九年）的蒸汽機開始有了實用的價值，從此成為工業生產的主要動力。儘管蒸汽機的出現，最初主要是為了滿足工業生產的實際需要，可是它的出現明顯促進了工業化的迅速發展，因為從此動力的來源就不必再受到環境、天候等限制，譬如，過去的海洋航行若碰到無風的天氣，航程就得延遲，現在就不再受限了。

蒸汽機發展的成功，也造成了交通運輸上的革新。比方說，在十八世紀中葉就已經有了關於火車的概念與實驗，但直到十九世紀初期、一八一五年，英國人史蒂芬生（一七八一～一八四八年）製成第一個用蒸汽機推動的機車，火車才終於有了實用的價值。

接下來，就是非常迅猛的發展。在一八三一年時，全英國的鐵路里程還只有四十九英哩；但短短八年後就增加到五百英哩；又過了十二年，達到六千六百英哩；到了一八七〇年，更是已經增加到一萬五千三百英哩。

至於輪船，發明者不止一位，不過到美國人富爾敦（一七六五～一八一五年）才開始發展出有商業價值的汽船。而到十九世紀中葉、一八四〇年，已經有了橫渡大西洋的定期航線。

來自蘇格蘭的發明家瓦特，他對蒸汽機的研究，奠定了工業革命的重要基礎。繪於 1855 年。

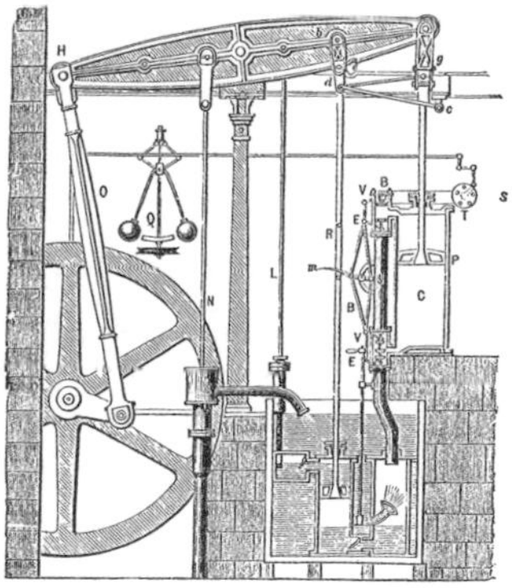

1784 年的蒸汽機設計圖。

第二次工業革命

在十九世紀下半葉以後，工業革命進入一個新的階段，被稱為「第二次工業革命」。此時期與之前有一些明顯的不同之處，包括新工業的興起、工業技術的精進、工業基礎的不斷擴大，以及工業國家的增多，同時，過剩的資本也不再受到政治疆域的限制，而可以盡情向外尋覓投資的機會。鋼的廣泛應用、電力的普遍以及化學工業的興起，都充分顯示出技術的進步，更是可圈可點。

製鋼工業

尤其是製鋼工業的進步，更是這個時期最大的事件之一，因此這個階段常常被稱為「鋼的時代」。鋼是一種含碳量與其他的鐵不同、可品質遠遠優於普通鐵的材質，被稱為「工業之王」。在十九世紀中葉以前，鋼的製作過程既緩慢又很困難，成本過高，以至於形同半貴重金屬。可是在一八五六年，英國工程師柏思麥（一八一三～一八九八年）成功發展出一套新的煉鋼法之後，製鋼成本便大幅降低，之後又經過眾人的繼續改進，譬如，可以將廢鐵當做生鐵一樣的冶煉，以及又進而把品質較劣的鐵製成工業用的鋼等等。總之，由於英國本來就擁有高品質的鐵，在殖民地要取得材料也很方便，再加上技術方面的進步，遂得以執鋼鐵工業的牛耳。

鋼的大量生產和普遍應用，使許多工業都有了革命性的發展，因為舉凡鐵路、造船、汽車、建築以及其他許多工業，都是大量使用鋼來做為原料。

電力普遍應用

這個時期另外一個重大的發展，是電力的普遍應用。蒸汽引擎固然在前一個階段成為工業的主要動力，但缺點是發動時需要大量的燃料，這使得成本無法降低。可是在一八三一年，英國科學家法拉第（一七九一～一八六七年）發明了發電機以後，就可以把電能轉變為機械能，從此成本就可降低許多。

此外，一八八二年，美國人愛迪生（一八四七～一九三一年）成功發展出中央傳遞系統，雖然只能用於照明與公共交通，但也已經是一項了不起的進步。等到九年以後，一家瑞士公司找到如何用高壓線傳遞電力的方法，自然又是一大進展。

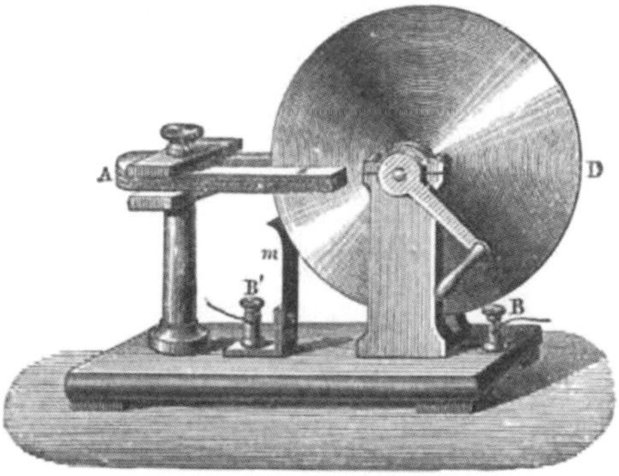

「法拉第圓盤」揭示了磁生電的可能性，為發電機的發展拉開序幕。

英國科學家法拉第，他發現了電磁場、電磁感應等現象，開啟電磁理論的發展。

電力的普遍應用，不僅供應了工業所需要的動能（在一九二九年左右，電力供應了英國三分之二的工業動力，在德國所占的比例更高），同時也影響到一般人的日常生活。

在「第二次工業革命」時期，有很多了不起的發明陸續問世，譬如，一八七八年，愛迪生發明了電燈；幾乎是在同一年，美國人貝爾（一八四七～一九二二年）發明了電話；一八九五年，義大利人馬可尼（一八七四～一九三七年）發明了無線電報，三年後英法海峽兩岸已經可以通無線電報，又過了三年、在剛剛進入二十世紀時（一九〇一年），更可接通大西洋兩岸。

在交通方面，電車也出現了。

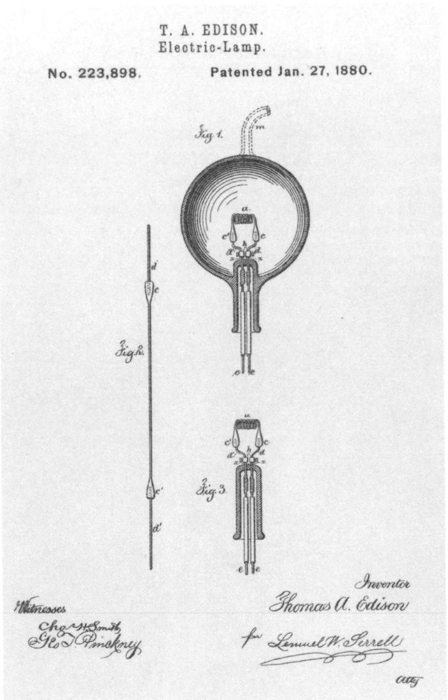

1880 年，愛迪生將電燈泡申請為專利的註冊資料。

愛迪生是美國著名的發明家與企業家，他發明鎢絲白熾燈泡，並且大量生產。
圖為 1922 年的愛迪生。

一八七九年，柏林博覽會出現了有軌電車，之後經過二十年左右的發展，在一九〇〇年以前，電車已經大行於倫敦、巴黎等城市。

由於交通運輸在這個時期的飛速發展，鐵路工程和海運事業的發展尤為顯著，大大縮短了人們空間的距離。另一方面，歐洲資本也協助西半球、近東、非洲和亞洲等地的鐵路興運，譬如費時十四年（一八九一～一九〇五年）才告完成的西伯利亞大鐵路就是其中之一，連接了俄國的莫斯科和**海參崴**。

還有內燃機與蒸汽渦輪的發明、化學工業與合成工業的發展、汽車工業的萌芽、利用氣球升空等等，凡此種種都說明，肇始於英國的工業革命不久就傳播到其他地區，然後幾乎讓全世界都受到了影響。

在歐洲以外的地區，在一八七〇年代以前受到工業革命影響最大的地區，是美國的東北部。

也就是在一八七〇年以後，工業均勢漸漸被打破，德國與美國開始有凌駕老牌工業國家英國之勢，美國的高速工業化更使其成為歐洲各國的商業勁敵。

海參崴——海參崴現在稱做「夫拉迪沃斯托克」，是俄羅斯在遠東最重要的城市，在清朝曾是屬於中國的領土，但在一八六〇年《中俄北京條約》中，清朝將包括海參崴在內的烏蘇里江以東地域，割讓給了俄羅斯。

在柏林工業博覽會展示的世界第一部有軌電車，現藏於慕尼黑的德意志博物館。

1879 年在柏林工業博覽會搭乘電車的人們。

◆經濟與社會的變遷

隨著工業化的進展，舊有的經濟與社會當然不可避免，也隨之發生了重大的變遷，其中最為顯著的影響包括以下幾個方面：

●資本主義制度的興起

工業機械化之後，很多機械都不是一個普通人所能擁有，因此資本、原料、機械與工人的會合，產生了工廠組織。與此同時，過剩的資本也頻頻在國外尋求投資的機會。

●新的世界經濟體系出現

比方說，國際經濟相互依賴的趨勢日益明顯，以及世界市場的建立，由於貨物、資金和人員均不再受國界的限制，於是全世界都被納入一個整體的經濟體系。

●城市的興起

在十九世紀以後，由於工業的興起使得人口移向城市，這種現象在西歐尤其顯著，而且在進入二十世紀以後仍在繼續。

人口的激增

人口的增加原本固然是一個世界性的現象，但是拜工業革命之賜，在生活條件的改善和公共衛生與醫學的進步下，歐洲人口增加的速度比其他地區都要快得多。在一九一四年、第一次世界大戰爆發時，歐洲人以及擁有歐洲人血統而居住在歐洲以外的人口，約占了全世界人口近三分之一。

中產階級的得勢

工業資本家（包括礦山、工廠和鐵路的主人）以及高級的技術與管理人才，與從前的中產階級（商人、律師、銀行家等等）合為一體，形成了龐大的、具有影響力的「新中產階級」。

農業的工業化

工業發展刺激了農業的進步，農業經營的規模與產量，均非從前所能想像。

所謂「國際差距」的出現

工業革命以後，工業發展的程度與國家富有的程度，以及整體國力，都是呈一種正比的關係，擁有資本、技術、原料和市場的國家，自然就有左右國際政治的力量。

工人群眾的出現

工業革命造成大量工人群眾的出現，他們構成了工業人口的絕大部分，一般來說，他們的工作環境（譬如安全、衛生）與工作條件（包括工資與工時）都相當惡劣，遂形成不少嚴重的社會問題（譬如六歲以上即被僱用的童工問題）。漸漸的，工人試著以集體行動來謀求各方面的改善，於是便有了工會組織。

環境污染的問題

不可諱言，工業化不僅為人們創造了財富，也產生了廢物，「財富與廢物」成為工業化社會的兩大特色，環境污染的問題也由此產生，而且這個問題在進入二十世紀以後愈來愈嚴重，無論是在哪一個國家，都成為一個棘手的難題。

FARADAY GIVING HIS CARD TO FATHER THAMES;
And we hope the Dirty Fellow will consult the learned Professor.

呼應法拉第 1855 年投書抗議的漫畫。法拉第以白紙實驗，丟下白紙後立即下沉不見，說明倫敦泰晤士河被嚴重污染。

第二章　世界性的重大轉折

這一章，我們把範圍從歐洲再擴大一點，同時把時間聚焦在西元一八三〇年代開始至十九世紀末，挑出這段時期七個世界性的重大轉折事件。這些事件對於之後中、美、歐的歷史走向，都有著非常深遠的影響。為了讓大家有較清楚的時間感，我們就按事件的起始時間一一講述。

1 美國門羅主義

一八二三年十二月二日，美國第五屆總統、時年六十五歲的詹姆斯·門羅（一七五八～一八三一年），在對國會發表演說的國情咨文中，提出一項關於美國對外政策的原則，當時被稱為「門羅宣言」，若干年後才慢慢被稱為「門羅主義」。這是美國涉外事務的重要轉折點，也是美國對外擴張政策的重要標誌。

美國第五屆總統門羅，他曾於1823年發表門羅宣言，主張不干涉歐洲事務，也要求歐洲人不得干涉美洲事務。

門羅宣言

我們先來了解一下門羅總統。他出生於美國維吉尼亞州威斯特摩蘭縣，一個小農場主家庭，家境並不富裕，祖先是來自蘇格蘭的移民。

美國獨立戰爭爆發的時候他才十七歲，很快便熱血沸騰的中途輟學跑去參加獨立戰爭。在戰爭正式結束的前一年，時年二十四歲的門羅被選入維吉尼亞的議會，八年後被選入美國參議院，之後陸續擔任不少包括駐英公使、國務卿等重要公職；於五十八歲時當選為總統，六十二歲時獲得連任，「門羅宣言」正是他在第二個總統任期之內所提出來的政策。

當然，這個宣言並不是門羅一個人的創見，而是由時年五十六歲的國務卿約翰．昆西．亞當斯（一七六七～一八四八年）等，好幾個人所共同構思而成。

這位約翰．昆西．亞當斯很不簡單，他在擔任國務卿期間，解決了許多與英國之間的糾紛，還從西班牙的手裡取得了佛羅里達，被譽為是美國歷史上「最有成就的國務卿」之一。他後來在五十八歲那年（一八二五年）從門羅總統的手上接棒，當選為總統，只不過在一八二八年競選連任時失敗，所以只擔任了一屆的總統，卸任後被選為國會眾議員，是美國歷史上唯一一位當選美國眾議員的卸任總統。

約翰．昆西．亞當斯的父親更不簡單，就是鼎鼎大名的約翰．亞當斯（一七三五～一八二六年）。約翰．亞當斯是《獨立宣言》起草委員會的五位成員之一，在美國人的心目中，他是最重要的開國元勛之一，被譽為「美國獨立的巨人」，和華盛頓（一七三二～一七九九年）、傑佛遜（一七四三～一八二六年）以及富蘭克林（一七〇六～一七九〇年）齊名。當華盛頓就任美國第一任總統時，約翰・亞當斯是第一任副總統，八年後、時年六十二歲時，接替華盛頓成為美國第二任總統。

現在我們來看看「門羅宣言」的主要內容。

門羅總統在這項國情咨文中宣稱，今後歐洲任何列強都不得把美洲大陸上已經獨立自由的國家，視為殖民的對象。接著，門羅總統又進一步表示，今後美國固然不會干涉歐洲列強的內部事務，但也不容許歐洲列強來干預美洲的事務。

具體分析一下，「門羅宣言」主要的涵義就是以下三個准則：

一、要求歐洲列強今後不會干預美洲獨立國家的事務。

二、要求歐洲國家今後不會再試圖想要在西半球進行殖民，這不僅表示美國反對西歐諸國在拉丁美洲的擴張，其實也表示美國反對俄國在北美西海岸的擴張意圖。

三、保證美國今後不會干預歐洲事務，包括不會干預歐洲現有在美洲殖民地的事務。

以上這三點，就是日後被稱為「門羅主義」的精神。

當時的時空背景

「門羅主義」的形成，自然也有其特定的背景因素，主要是在一八一五年、拿破崙戰爭結束以後，**西班牙帝國**在美洲這塊「新大陸」上的勢力隨之徹底瓦解，從一八一五至一八二〇年，短短五年之間，不僅**荷西．德．聖馬丁**（一七七八～一八五〇年）領導祕魯、智利與阿根廷走向獨立，**西蒙．玻利瓦爾**（一七八三～一八三〇年）也領導自己的國家（大哥倫比亞共和國）走出殖民主義。這些新成立的共和國，都非常期望能夠獲得美國的承認，美國的民意普遍也都很支持這種想法，但門羅總統與其國務卿約翰．昆西．亞當斯等人，卻都不願在勝負未卜的情況之下，就冒著讓美國被捲入國際戰爭的風險。

再加上美國實際上也想謀求北美大陸西北沿岸地區，因此門羅總統才會在致國會的咨文中，宣稱美國將不干涉歐洲列強的內部事務或是歐洲列強之間的戰爭。同時，美國一方面承認並且不干涉歐洲列強在拉丁美洲的殖民地與保護國，但另一方面也要求歐洲列

西班牙帝國——西班牙帝國，又稱「西班牙殖民帝國」，是世界上第一批真正意義上的全球帝國和殖民帝國之一，也是世界歷史上最大的帝國之一，被認為是第一個「日不落帝國」，因為他們的殖民地遍布全球，無論何時，總有西班牙國旗被太陽照射著，在西班牙的領土上，太陽永不落下。

西班牙帝國在經過成長、黃金時期，以及一段時間的低潮之後，本來或許還有希望恢復其帝國的餘暉，但拿破崙在法國的崛起卻使得這個願望落空，因此十九世紀也就成了西班牙殖民帝國的暮年。

強同樣不得再在南、北美洲開拓殖民地。美國還強調，今後任何歐洲國家如有控制或壓迫南北美洲國家的任何企圖，都將被視為是對美國的一種敵對行為。

這實際上無異是宣布拉丁美洲隸屬於美國的勢力範圍，從某種意義上來講，「門羅主義」在客觀上，防止了當時已經宣布獨立的好幾個拉丁美洲國家，再次淪為歐洲列強殖民地的可能。

不過，由於當時英國在拉丁美洲的影響要大大超過美國，所以在「門羅宣言」被提出以後，當時其實並未產生多少影響。但從這份宣言還是可以看出美國的政治精英們，想要建設一個強大國家的信心和決心，因為從根本上來說，外交本來就是一個國家內政的延續。

從宣言到主義

「門羅主義」是美國一項重要的外交政策，這項政策第一次實行是在一八三六年（「門羅宣言」被提出的十三年後，此時還沒有被稱為是「門羅主義」）。又過了九年（一八四五年），詹姆斯·波爾克

荷西·德·聖馬丁——荷西·德·聖馬丁出生於阿根廷，父親為西班牙皇家陸軍軍官將軍，而他是阿根廷將軍，為一名傑出的軍事統帥，更是南美西班牙殖民地獨立戰爭的領袖之一。後來阿根廷尊他為「國父」，智利和祕魯則尊他為「自由的締造者」。

西蒙·玻利瓦爾——西蒙·玻利瓦爾出生於委內瑞拉，是十九世紀解放南美大陸的英雄人物，也是拉丁美洲的政治家、革命家、思想家和軍事家，他先後領導軍隊從西班牙殖民統治中，解放了哥倫比亞、委內瑞拉、厄瓜多、巴拿馬、祕魯和玻利維亞，被稱為「委內瑞拉國父」、「南美洲的解放者」。他的獨立思想至今仍影響著美洲的政治思想。

（一七九五～一八四九年）在就任美國第十一任總統的那一年，就對國會宣布，「門羅宣言」這個政策必須嚴格執行（此時仍然還沒有被稱為「主義」），波爾克總統也認為美國應該**積極西擴**。

「門羅宣言」正式被冠之以「主義」，是在一八六四至一八六七年間、也就是「門羅宣言」被提出近半個世紀以後，當拿破崙三世（一八〇八～一八七三年）入侵墨西哥，並且建立了傀儡政權時，美國就宣稱此舉違反了「門羅主義」。

回顧「門羅宣言」發表時的背景，是源於美洲西班牙殖民地如雨後春筍般的獨立運動，美國率先承認了這些拉丁美洲國家的獨立。其實，當時英國的外交大臣曾經向美國提議，不妨由英、美兩國一起發表聯合聲明，承認拉美獨立，但是美國的外交決策者們在經過激烈的爭論之後，決定撇開英國，獨立闡釋美國的立場，這肯定需要一定的氣魄。

畢竟美國在此時還是一個國力相對比較弱小的國家，事實上美國自己獨立都還不到半個世紀呢！「門羅宣言」表面上針對的地理範圍是在拉丁美洲，實際上所面對的卻是英國、法國、西班牙、俄國等

積極西擴——詹姆斯・波爾克總統把美國的領土向西擴張到太平洋，向北擴張到北緯四十九度線，向南幾乎兼併了墨西哥一半的領土，包括今天的加州地區——今天美國領土至少有四分之一，都是波爾克總統所取得的。

波爾克只擔任一屆的總統，被歷史學家評為美國最勤奮、也最有效率的總統，他每天工作達十八個小時以上，幾乎完全沒有休閒活動，以至於未老先衰、積勞成疾，後來在離開白宮三個月就病逝了，享年五十四歲。在他任內還有一件大事，就是他在最後一次國情咨文中，證實有人在加州發現了金礦，從而掀起了一股瘋狂的「淘金熱」。

列強，可以說局勢頗為險惡，比方說，西班牙是拉丁美洲好幾個爭取獨立國家的宗主國，自然極力主張要鎮壓拉丁美洲的獨立運動；法國與拉丁美洲的經濟關係密切，為了自身利益，也主張要積極干涉拉丁美洲的事務；俄國這時在美洲擁有**阿•拉•斯•加**，並試圖向中美洲擴張；至於最強大的英國，是拉丁美洲這些新獨立的國家最大的貿易伙伴，原本是願意看到這些拉丁美洲國家獨立，但因為和美國相互猜忌，因此試圖藉此遏止美國勢力的擴張。

總之，在當時如此錯綜複雜的環境，以及美國國力還屬於比較弱小的情況之下，美國公開向世界宣布「門羅主義」的思想，為美國外交政策樹立了一個舉世共見的準則，並將這個準則牢牢的植根於民族意識之上，這意味著正在崛起的美國，已經開始以一個獨立大國的姿態，向世界廣泛施加自己的影響力。

所以，儘管自門羅總統發表這項宣言之後好一段時間，這項宣言都似乎並沒有產生什麼直接的作用，但很多史學家

阿拉斯加——阿拉斯加位於北美大陸的西北端，東邊與加拿大接壤，另外三面環北冰洋（或稱「北極海」）、白令海和北太平洋。在十八世紀中葉，一位丹麥航海家航行至此；四十幾年以後、一七八四年，俄國人在三聖灣建立居民點；到即將進入十九世紀、一七九九年時，阿拉斯加開始屬於俄國。

最後，於十九世紀中葉、一八五三年，「克里米亞戰爭」爆發以後，俄國擔心阿拉斯加這塊殖民地會被英國給奪走，於是乾脆以很低的價格賣給美國。一八六七年三月底，美國以七百萬美元外加二十萬美元的手續費，從俄國的手上買下近一百七十萬平方公里的阿拉斯加，平均每英畝土地僅值兩美分，阿拉斯加從此成為美國面積最大的一州。

都認為「門羅主義」之所以重要，並非在於當時它立刻做了什麼，而是在於它日後發展的結果。後來美國對拉丁美洲的政策一直就是以此為基調，直到二十世紀中葉、一九六〇年，當蘇聯開始向古巴滲透時（也就是「古巴飛彈危機」，我們會在卷十再講述），「門羅主義」都還被當時的總統約翰．甘迺迪（一九一七～一九六三年）所援用。

2 中英鴉片戰爭

中國歷史上最後一個封建王朝是清朝，清乾隆皇帝（一七一一～一七九九年）過世的時候，十八世紀正好落下帷幕，之後邁入十九世紀時，在位的是乾隆皇帝的第十五子，也就是嘉慶皇帝（一七六〇～一八二〇年）。

嘉慶皇帝在三十六歲時登基，但在位前四年，由於大權仍然掌握在太上皇乾隆的手裡，所以並無實權，直到乾隆死後才得以獨掌大權。

嘉慶皇帝對貪污深惡痛絕，乾隆死後十五天，他就賜乾隆的寵臣和珅（一七五〇～一七九九年）自盡，並且命人抄家，結果抄出大量的黃金、白銀、古玩、珍

清朝嘉慶皇帝，任內賜死貪官和珅、平定川楚教亂，但由於沒有更進一步的作為，清朝仍不能免於國力衰退的命運。

寶等等，總價值竟然超過了清朝政府十五年財政收入的總和，真是令人咋舌。可接下來，為了維護政權的穩定，對於統治階級的肅貪工作，嘉慶皇帝始終不敢施以太大的力度，結果在位近四分之一個世紀，貪污問題不僅沒能解決，反倒更加嚴重。

嘉慶皇帝在位期間正值世界工業革命的興起。在發生諸多內亂、以及鴉片流入中國之後，清朝出現了中衰。

儘管「鴉片戰爭」不止一次，但一般講「鴉片戰爭」都是指「第一次鴉片戰爭」，在英國則經常都是稱之為「第一次中英戰爭」或是「通商戰爭」，總之都是指發生在十九世紀中葉、一八四〇至一八四二年，英國對中國所發動的一場侵略戰爭。這是中國近代史的開端，此時在位的是嘉慶皇帝的第二子、時年五十八歲的道光皇帝（一七八二～一八五〇年）。

和珅貪腐得來的龐大家產，使時人有「和珅跌倒，嘉慶吃飽」之言。

中、英關係的惡化：宗教衝突

在講述「鴉片戰爭」之前，我們應該先了解一些關於這場戰爭的成因。

自從新航道被發現之後，不少歐洲的商人和傳教士就陸續來到中國，前者是為了尋找市場、尋找商業機會，後者是為了傳教。為了打進中國的上層社會進行傳教，這些傳教士往往以介紹西方的科學知識以及技術為方式，譬如在明朝末年萬曆年間，明朝政治家、科學家，被譽為「吸收西學的先驅」以及「近代科技先驅」的徐光啟（一五六二～一六三三年），與耶穌會士利瑪竇（一五五二～一六一〇年）之間的友誼就是一段佳話，這個我們在卷六《文藝復興時代》中提到過。徐光啟在認識利瑪竇三年後，受洗加入天主教，獲教名「保祿」。

另一方面，這些傳教士在來到中國以後，也吸收了中國文化，然後傳回歐洲。在這個時期，傳教士經常在有意無意之間，成為中西文化交流的橋梁。

可是，由於對於祭祀天地、祖先、孔子等等行為，是否違反基督教義，各個教派的看法不同；利瑪竇所在的耶穌會認為這是中國的傳統文化，應該予以尊重，但別的教派則不以為然，於是各個教派之間不時就會互相抨擊，導致傳教士在中國的傳教工作，開始出現了隱憂。

在清朝初年，清聖祖康熙皇帝（一六五四～一七二二年）在位期間，當時的教皇一反過去耶穌會的做法，禁止中國的教徒祭祀祖先，這麼一來，基督教義與中國傳統文化就發生了嚴重的衝突，傳教士的工作自然大受影響。

後來，傳教士又介入了清世宗雍正皇帝（一六七八～一七三五年）與其兄弟之間，爭奪皇位的宮廷鬥爭（雍正是康熙皇帝的第四子），結果大概是惹惱了雍正，以至雍正一即位就立刻下令，除了擔任「**欽天監**」等職務的傳教士之外，將其他的傳教士一律逐出中國（不過澳門除外），並禁止人民入教。

原本耶穌會士在得到雍正皇帝的諒解之後，仍然繼續東來，可是隨後教皇也停止了耶穌會士在中國的傳教工作，中國方面的教禁也日趨嚴厲，之前中西文化的正常交流至此宣告中斷。

從此，中國人對西方近代文化的發展幾乎毫無所悉，西方對中國的了解也大不如從前，可以說，除了著眼於經濟利益的商人，中西文化已無接觸的機會。

欽天監——「欽天監」是一個官署（政府部門），在兩千多年前的秦朝就開始設置，職能為掌管觀察天象、推算節氣以及制定曆法。

明朝沿用的曆法計算方式誤差較大，當朝廷正有感於如此不利於王朝的統治時，傳教士帶來了新的曆法，明朝末年就有傳教士進入欽天監工作。到了清朝，沿襲明制，也有傳教士加入欽天監，直到乾隆時期，這些在中國的傳教士有的死亡，有的回到西方，朝廷才不再任用西方人。

◆──中、英關係的惡化：貿易問題

「中國本位文化」在唐朝末年趨於成熟，從宋朝以後日益強固，成了之後數百年歷代君主，主導國家文化與對外關係發展的關鍵因素，因此對於與外國商人做生意這個事，中國都是抱持著「嘉惠遠人」的心態。以大白話來說，就是看人家從那麼遠的地方跑來（「遠人」），想跟咱們做生意，那就做做好事，跟他們做吧，算是給他們一點恩惠（「嘉惠」）。

這樣的心態一直到清朝都沒有改變，西方列國對於中國來說，都是「番邦」、是「夷人」，意思就是都被視為來自蠻夷之地的人。畢竟中國如此物產豐饒，乾隆皇帝認為中國「什麼都不缺」，言下之意無非就是質疑，「這些來自蠻夷之地的人，有什麼可以賣給我們的呢？」

但是，中國當時主要的貿易對象大英帝國，國力正在逐步的壯大，尤其是在一八一五年，當拿破崙的霸業被徹底終結以後，英國更成為西方第一強國。原本在工業革命之後，英國就非常積極的想要打開國際市場，而隨著英國的強大，自然也愈來愈不能接受來中國做生意時，所受到的那種「朝覲」的待遇（「朝覲」是在東方文明中的用語，指的是附屬國來向中央政權朝貢和拜謁，表示對帝王的尊拜與臣服）。在這個時候，中英之間的關係已經開始逐漸不安了。

此外，在十九世紀以前，中國與西方的貿易往來，各國大體上都是採獨占制，英國的東印度公司與廣州的洋行，是最重要的貿易對象。隨著時間向前推進，由於洋行拖欠「夷商」（也就是指東印度公司）債務的問題日益嚴重，再加上「夷商」在貿易上所受到的諸多限制，遂轉而要求祖國英國出面保護。

於是，在乾隆五十七年（一七九二年）以及嘉慶二十一年（一八一六年），英國應東印度公司之請，先後派遣專使來到中國，想與清廷交涉，結果都因無法接受清廷開出的覲見皇帝的禮儀，清廷也不滿專使所提希望尋求雙方貿易關係突破的要求，被認為是「不合天朝體制」，最終英使無功而返。一八一六年那一次，英國的專使甚至還是被清朝驅逐，自此英國便放棄了與中國進行官方交涉的意圖，因貿易所引發的零星衝突則始終不斷，雙方關係愈來愈緊張。

◆成了導火線的禁煙令

在英國專使被驅逐的二十二年後（一八三八年），道光皇帝下詔，徵求各地方督撫對於是否要禁鴉片的意見，其中湖廣總督、時年五十三歲的林則徐（一七八五～一八五〇年）表示，如果不能嚴禁鴉片，數十年之後，國家不但「幾無可以禦敵之兵」（因為人民的身體都飽受鴉片的毒害而日益孱弱），亦「無可以充餉之銀」（因為人民的銀子都拿去買鴉片了）。

道光皇帝對林則徐這番看法非常激賞，命他入京商議，曾經在一天之內召見林則徐八次，可見道光皇帝心情之殷切。同年年底，道光皇帝命林則徐以欽差大臣的身分赴廣東，負責禁煙事宜。

其實，林則徐原本是打算把重點放在著重嚴懲吸食鴉片的人，計畫以此促使鴉片市場自然而然的萎縮，可是道光皇帝卻不斷強調，要將「斷絕鴉片供給」做為首要目標，林則徐當然不能違背皇帝的意旨。於是，一八三九年年初林則徐一到廣州，馬上就著手調查鴉片私販的情形，下令各國商人交出鴉片，並且還要**具結**保證今後不再販賣鴉片。

此時，商人們儘管私底下都在抱怨，但是都以為敷衍一下事情就可以過去，因為過去清廷對外的行事政策總是虎頭蛇尾，大家料想這回想必也是如此。沒想到林則徐這回卻是無比的嚴肅和認真，當他看到繳交出來的僅僅只有一千多箱鴉片時，便知道大家並沒有把朝廷的命令當一回事，非常生氣，立刻下令「封艙」，並把所有在「夷館」工作的華籍工作人員撤出來。不久，在英國商務監督查理·義律（一八〇一～一八七五年）趕到廣州商館的當天晚上，林則徐還出兵包圍商

具結——「具結」是舊時對官署提出表示負責的文件，比方說「具結完案」。

館，禁止人員進出。

林則徐採取這些措施都是有用意的，一方面可以避免英商向義律施壓，希望讓事情盡可能的單純，另一方面也藉此迫使所有的鴉片商人，把存放在別處的鴉片通通都自動交出來。義律屈服，以顧全各國人民安全為由，下令英商繳出鴉片，由他先出據代收，之後再交給中國官方。

可是，這麼一來，原本是中國官方要沒收沿海商人走私的違禁品，竟然變成是中國政府接收英國政府的鴉片，性質完全不一樣了。

同年四月下旬，林則徐在虎門海灘銷毀所有收繳上來的鴉片，數量龐大，費時二十多天才完成銷毀工作。

由於一些後續問題，譬如具結問題尚待解決，林則徐認為自己應該留下來處理，不願他調，道光皇帝便調他為兩廣總督。與此同時，義律當然是把情勢立刻向英國政府報告，等待指示。

接到義律的報告，英國政府一時還舉棋不定，未能決定接下來該如何因應，不料就在此時又發生英國水手在九龍打死中國老百姓的不幸事件。林則徐要求英方交出兇手，義律卻堅持自行輕判了事，這跟中國法律「殺人償命」的觀念相差甚遠，自然引起群情激憤。林則徐遂進一步促使澳門當局開始驅逐英國人，情勢變得益發緊張，至此英國政府終於以商務受限、國旗受侮為由，主張開戰。

戰爭爆發與結果

翌年（道光二十年，一八四〇年）六月，英軍派遣艦船四十七艘、陸軍四千人，參戰人數一共大約一萬九千人。在海軍少將喬治・義律（一七八四～一八六三年）、駐華商務監督查理・義律的率領下（喬治・義律是查理・義律的堂兄），陸續抵達廣東珠江口外，封鎖海口，「鴉片戰爭」正式爆發。

清廷前前後後，大約一共派出九萬至二十萬人應戰，但是戰爭結果，清軍傷亡兩萬兩千多人，英軍的傷亡人數卻只有五百多人，雙方差距至少高達四十倍！

鴉片戰爭最終是以中國的失敗、進而割地賠款而結束。緊接著中英雙方簽定了《南京條約》，這普遍被視為中國歷史上「第一個不平等條約」，香港就是在這個條約中，首次被**割讓**給英國來治理。中國

割讓——在鴉片戰爭爆發的二十年後（一八六〇年），清廷再被英法聯軍所打敗，被迫簽定《北京條約》，把九龍半島南部等地也一起割讓給英國。到了一八九八年，英國與清廷簽定了一系列租借條約，租借九龍半島北部、新界和鄰近的兩百多個離島等，租期是九十九年，因此「一九九七年」時租約期滿，就是一般所說的「香港回歸」的那一年。

《南京條約》在英國海軍的風帆戰艦「汗華曬號」上，於江寧府（現屬南京市）港口附近簽定。

鴉片戰爭後於 1842 年簽定《南京條約》，是中國簽的第一個不平等條約。

從此開始淪為一個半封建、半殖民地的社會，主權嚴重受到危害，喪失了獨立自主性。

3 民主政治的發展

除了民族主義，另一股塑造十九世紀歷史的動力，就是民主政治。當然，每一個政治制度本身都沒有絕對的好壞，凡是能夠適應特殊政治背景與社會環境的制度，對於特定人群來說，就是一個比較好的制度。不過，在大多數比較進步的地區，民主制度確實還是最安全、以及最能減少分裂的一種制度。

就跟世間所有能夠持續的事物一樣，民主制度自然也有其一定的發展過程。在十九世紀中葉以後，由於人口的增加、工業化的進展、城市的興起、文盲率的降低，以及大眾傳播工具的發達等因素，形成了「群眾政治」，這可以說是民主政治的開端。放眼全球，民主制度獲得持久性勝利的地區，以英、法、美三國最為顯著（這也是我們這一節要講述的重點），其他包括荷蘭、瑞士、比利時、義大利、北歐各國等等，也都紛紛建立了民主制度。在十九世紀末，「成年男子普選」

已經被認為是最民主的方式（婦女參政權則較晚，是二十世紀的發展）。

英國：循序漸進的民主發展

維多利亞女王（一八一九～一九〇一年），是第一個被大家以「大不列顛及愛爾蘭聯合王國女王和印度女皇」名號來稱呼的英國女王。她在十八歲即位，在位六十四年，在位期間是英國歷史上最輝煌的時代，被稱為「維多利亞時代的英國」。在此時期，英國的聲威、繁榮和影響力都達於頂點，成為「日不落帝國」，議會政治也陸續有所進展和加強。

維多利亞女王在位期間，英國國力昌盛，並擁有廣大的殖民地。圖為 1838 年，維多利亞女王登基時的畫像。

在一六八八年「光榮革命」之後（「光榮革命」

我們在卷七《近世史Ⅰ》中講述過），議會成為英國最高權力機關，但因傳統的土地貴族依然操縱著議會議員的選舉，形成一些不公平也不合理的現象。在工業革命之後，新興的工業資產階級為維護自身的利益，強烈要求參政，遂有了一八三二年的國會改革，這主要是針對中產階級的改革，使工業資產階級首次進入議會。這同時也是英國向資產階級民主政治，所邁出的重要的一步。

三十多年以後，由於每六個男子當中僅有一人擁有投票權，工人幾乎全部遭到排除，但隨著工業的成長，工人階層益發重要，選舉制度亟需改良，這已成為社會上的一項共識。於是，一八六七年，主要針對保障城市工人權益的改革法，在民眾的呼聲中推出了。

這次的改革，使選民數字由一百萬人增加到兩百萬人，擁有選舉權者在總人口中所占的比例，由百分之四增加為百分之八，城市裡的工人階層大體上都獲得了選舉權。

改革的步伐還在繼續。又過了十幾年，一八八四年，此時已接近十九世紀末了，國會再次改革，這回擴及到鄉間農民，使全國選民人數再增加兩百萬人左右，而達四百萬人左右，擁有選舉權者在全國總人口中所占的比例，從百分之九增加到百分之十六，這就是《人民代表法》。

不過必須注意的是，這個時候英國仍未達成普選，一直到一九一四年、第一次世界大戰爆發時，英國仍有兩百萬名左右、超過二十一歲的成年男子，沒有投票權，同時，也仍有五十萬左右的富人擁有複數的投票權。

整體來說，英國民主制度成長的腳步儘管不失穩健，但進度不如法國，甚至不如英國自己的各個自治殖民地。譬如澳洲在十九世紀中葉，就已經採取成年男子普選；進入二十世紀後（一九〇一年），紐西蘭與南澳已賦予女子投票權，同時，各殖民地也都嚴守「一人一票」的原則。

在「維多利亞時代的英國」，自由黨與保守黨相互競爭、輪流執政，前者代表工業和商業的利益，以及非國教集團，後者則代表土地貴族和英國國教，但實際上兩黨之間並沒有什麼非常明顯、不可妥協的階級界限，而且兩黨也都竭力爭取新的支持者（譬如工人階層），這也是擁有選舉權的人數，能不斷增加的因素之一。

比較起來，自由黨比較傾向於內政改革，因此特別重視教育。一位著名的政治領袖、同時也是教育改革家的婁羅伯（一八一一～一八九二年），在一八六七年那次的改革法獲得通過之後就表示：「現在，我們必須教育我們的主人。」

緊接著，為了掃除文盲，義務教育遂勢在必行。

保守黨當然也有其社會責任，只是他們似乎把更多的重點放在對外擴張，比方說向埃及滲透而終於占領埃及等等。

此外，在「維多利亞時代的英國」這個時期，英國在社會立法方面也有若干進展，譬如在一八七一年通過《工會法》，使工會組織合法化，但工會仍不可以強制工人罷工；一八八〇年通過《雇主責任條例》，規定當工人受傷時，如果不是他自己的過失，就應該得到補償等等。同時，勞工運動者也積極設法將自己的意見，直接向國會表達，之後遂有勞工代表委員會和工黨的產生。英國近代兩大爭取執政的政黨，就是保守黨和工黨。

◆法國：迎來民主政體「第三共和」

在拿破崙第二次被放逐的三十幾年以後，一八五一年，他的侄子拿破崙三世

（一八〇八～一八七三年）發動政變，翌年登基，建立了「法蘭西第二帝國」。拿破崙三世是這個帝國唯一的一位皇帝，因為在一八七〇年「**普法戰爭**」以後，「法蘭西第二帝國」就亡了，前後只維持了十八年。

接下來，法國再建了一個共和體制的政府，就是「第三共和」。

法國此時的人口仍是以農民占最大部分，他們大多都小有田產，思想比較保守，不過，當然也是由於特定的背景因素，才造成他們普遍傾向保守，畢竟從法國大革命之後，逾八十年來，法國已經經過十次政體的改變，沒有一種政體能持續長久。對於反對共和體制的人來說，「第三共和」並不比之前其他的政權更有法統，似乎只是一種較能減少法國分裂的政府型態而已。

不過，需要一提的是，在一八七一年曾經有一個叫做「巴黎公社」的組織，短暫統治過巴黎兩個月（從該年三月底至五月底）。

關於「巴黎公社」，後世評價不一，基本上它應該算是一個無政府組織，是世界上第一個無產階級專政的政權。這個組織沒有明確的宗旨與目標，組成分子相當複雜，有比較穩健的共和主義者，也有激烈的共和主義者，以及無政府主義者等等，他們主張地方分權，以國民自衛軍來代替常備軍。

普法戰爭——普法戰爭是普魯士王國為了統一德國，並且與法蘭西第二帝國爭奪歐陸霸權而爆發的戰爭，由法國發動，最後以普魯士大獲全勝、建立德意志帝國而告終，此後德國便取代了法國在歐陸的霸主地位。我們在第四章中還會講到這場戰爭。

不久，政府軍全力對「巴黎公社」進剿，結果飽受戰禍的法國又陷入內亂當中，死傷慘重。

由於「巴黎公社」掌權的時間短暫，只有一部分法令真正得到了實行，包括政教分離、婦女選舉權等等。

「巴黎公社」事件對法國政治產生了相當程度的影響，最直接的影響就是，無論是保守主義或是無政府主義都因此受到削落，同時，由於在事件落幕之後，激烈的共和分子被清除，也使共和主義因此趨於溫和。簡單來說，就是在這一次的流血衝突過後，法國的政治反而趨於穩健，之後又經過一連串的考驗，「第三共和」終於慢慢站穩了腳步，後來竟成為法國第一個長久而穩定的共和國政權，贏得了法國人民對共和政體的支持，直到數十年後、一九四〇年，因為納粹德國的入侵才垮臺。

成年男子普選、議會政治以及不受教會控制的教育等特點，都充分說明「第三共和」的法國是一個民主體制的國家。同時，「第三共和」為責任內閣制，內閣必須由各黨派聯合才能組成，因此，任何政策都必須想辦法讓各個黨派能夠接受，否則便有被倒閣的危險。

美國：兩黨制的民主政治

美國自從獨立之後，就一直處在一種高速成長的狀態。以人口增加的速度來看，自美國立國以來，可以說是呈一種幾何級數式的成長，差不多每三十年左右就會倍增，譬如在一七九〇年（美國獨立之後十四年），人口是四百萬；三十年後（一八二〇年）就增為九百萬；再過三十年（一八五〇年）就是兩千三百萬。

到了一八六〇年，美國人口已經與法國相當，而超過了英國。一八四〇年代是一個重要的分水嶺，在那以前，美國人口大多屬於自然增加，在那之後，移民潮就成為美國人口驟增的主因，一直要到第一次世界大戰才稍微放緩。

美國領土的增加同樣是非常顯著。領土的擴張主要是來自西向的開拓（這個我們將在下一章中再做講述）。

一八六七年，在國務卿西華德（一八〇一～一八七二年）的交涉下，竟然以區區七百二十萬美元這麼少的代價，就從俄國的手上買到面積那麼大的阿拉斯加，更是一大成績。不過，當時一般美國人民都對這樁買賣反應平淡，有人還戲謔的將阿拉斯加稱為「西華德的**冰櫃**」，但日後事實證明，這項交易確是一項物超所值的明智之舉。

在政治制度方面，美國自開國之始就是採用民主共和制，國家的元首是由選舉產生的、有任期的總統，而不是世襲的君主，這在當時是一項創舉。儘管憲法允許連選連任，但華盛頓在擔任了兩屆總統之後（一共八年），還是自行引退，之後就成為美國的一項傳統，直到一九四〇年代，在第二次世界大戰期間，才被富蘭克林·羅斯福總統（一八八二～一九四五年）所打破。富蘭克林·羅斯福總統是美國歷史上首位連任四屆的總統，後來在第四屆任期中病逝，享年六十三歲。

美國的政黨政治也發展得相當成功。說起來美國的兩黨政治有其淵源，因為在立國之初（大約在一七九二年、也就是在立國十六年左右），就已經有聯邦派和共和派之分，前者主張加強中央的權限，後者則對此意見持反對的態度。

共和派亦稱「民主共和黨」。法國大革命爆發的時候，最初所標榜的「自由、平等、博愛」，與美國的革命精神是相符合的，但隨著法國大革命日益激烈，聯邦派開始對法國大革命抱持敵對的態度，民主共和派則比較同情。平心而論，法

冰櫃——地球上大多數的活動冰川都在阿拉斯加，阿拉斯加境內，全年氣溫大約是攝氏零至十五度。

美國以 720 萬美元向俄羅斯買下阿拉斯加，後來發現阿拉斯加蘊含豐富的天然氣與石油。圖中央坐者為西華德。

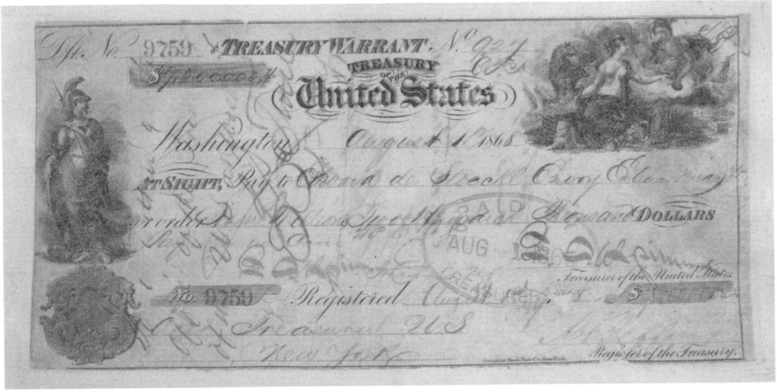

用來購買阿拉斯加的 720 萬美元支票。

國大革命雖然也是反抗王室的革命，但同時兼具了社會動亂、摧毀舊秩序的強烈色彩，美國革命則是希望在切斷與大英帝國的關係之後另建新邦，兩者在本質上還是很不一樣的。

一般而言，美國立國兩百多年以來，大致一直是維持著兩黨制度，在十九世紀中葉以後，主要就是民主黨（標誌是驢子）和共和黨（標誌是大象）兩黨。不過這兩黨雖然有著不同的基礎，比方說，民主黨的支持力量主要是在城市，共和黨的群眾則主要是在鄉區；大企業多半支持共和黨，勞工多半支持民主黨；社會上層和中上階層大多支持共和黨，下層階層大多支持民主黨，中下階層則是兩黨平分秋色……但事實上，兩黨之間其實並沒有多大的差別，至少不像歐洲自由分子和保守分子之間，差別那麼大。

民主黨標誌。

共和黨標誌。

4 一八四八年以前的歐洲與列強關係

在一八四八年，由於民族主義、自由主義的力量，再加上社會主義的推波助瀾，幾乎全歐都爆發了轟轟烈烈的革命活動。這一節，我們要來先了解一下在那之前，歐洲與列強關係是怎麼樣的。

◆ 遍地開花的革命活動

我們在上一章中說過，一八一五年《維也納和約》的主要精神之一，在於要恢復歐洲在一七八九年（也就是在法國大革命爆發以前）的政治和社會狀態。這個準則有違民族主義與自由主義分子的願望，再加上一八一五年、當拿破崙的勢力徹底瓦解之後，整個歐洲又處於保守與變動，兩股力量互相激烈對抗的時期，因此革命活動遍地開花、層出不窮。下面我們就各地的革命活動，稍微的一一加以說明。

● 西班牙、葡萄牙與義大利境內

在「維也納會議」之後，西班牙、葡萄牙與義大利境內的那不勒斯王國，首

先發生了革命活動。

這些地區由於缺乏比較強而有力、為數較多的中產階級，所以一開始人民對於王室復辟的反應，大體上算是相當平靜，但還是有一部分人（包括軍隊、知識分子和中產階級等），對於那些比較開明的立法突然被復辟的王室所取消，感到非常的不滿，因此爆發了武力抗爭。

一八二〇至一八二一年，自由主義分子在西班牙曾經取得短暫的勝利；一八二〇年，那不勒斯王國的燒炭黨人受到西班牙革命的鼓舞，也發動革命，結果國王屈服，頒布了民主憲法。葡萄牙的革命則有宮廷政變的色彩，一八三四年在英國、法國、西班牙的干預下平定，接下來葡萄牙的自由憲政雖然維持得比較久，但從一八三四至一八五三年期間，近二十年的時間，葡萄牙的內政並不穩定。

法國

隨著拿破崙的失敗與退位，波旁王室得以在法國復辟。一八一四年，在拿破崙退位之日，元老院頒布了一個以「主權在民」為原則的憲法，並規定前王、也就是在法國大革命中被處死的路易十六（一七五四～一七九三年）的繼承人，必須宣誓效忠此憲法，可是這個條件並不被路易十六的弟弟、亦即此時波旁王室的領袖，普羅旺斯伯爵（一七五五～一八二四年）所接受。一八一四年四月下旬，普羅旺斯伯爵從英國回到法國，六月初即頒布了一個憲章，這自然是他在回國之前，先派人與元老院協商之後的結果，被稱為《一八一四年憲章》。接下去的三十幾年、一直到一八四八年為止，這個憲章都是法國政治的原則。

在基本精神上，這個憲章是在君權神授與主權在民，兩個原則之間的一種妥協，保全了若干法國大革命的成果，包括規定法律之前人人平等，與保障個人自由、思想自由和宗教自由等等，革命期間的一些制度，譬如法蘭西銀行、大學制度、《拿破崙法典》等，也均予以承認。

根據這個憲章所建立的復辟政權，不足以稱之為「代議政府」，因為國會的權力有限，內閣並不對國會負責，而是向國王負責。更重要的是，此時法國全國半數以上的人民為文盲，高達百分之七十五的人口住在小農村，同時，在種種資格限制之下，在全國三千萬人口中，選舉人的數目不超過十萬。

不過無論如何，普羅旺斯伯爵還是就這樣入主了法國，是為路易十八。但他即位不到一年，又碰上拿破崙的「百日復興」，因而倉皇逃走，直到「滑鐵盧戰役」之後才又重返巴黎復位。

一八一八年，反法同盟的聯軍紛紛撤出法國，從表面上看來，法國似乎又成為一個具穩定政府的強國，但一八二〇年，西班牙與義大利境內發生的革命，引起法國很多保守分子的不安。一八二四年，路易十八過世之後，他的弟弟阿托瓦伯爵繼位（一七五七～一八三六年），是為查理十世。查理十世一直是極端保守派的領袖，迷信君權神授，性格獨斷固執，因此當他在位時期，政府的措施又趨於保守。

一八三〇年七月二十六日，查理十世頒布詔令，悍然解散了新選出而尚未召集的代議院，只因自由分子在其中占了多數，並宣布將厲行出版檢查來箝制輿論，還要頒布新的選舉法來限制選舉權等等。

《七月詔令》公布之後，引起民眾極大的反彈，兩天之後巴黎便發生暴動，參與者以工人和學生為主力，隔天他們便控制了整個巴黎。八月二日，查理十世只得灰頭土臉的退位，這就是所謂的「七月革命」，推翻了波旁王室。

至此，正統王室與共和主義都被除掉，法國建立了一個類似正統的議會君主政體，政權被控制在富有的中產階級手裡。

著名油畫《自由領導人民》即為描繪「七月革命」之作品，畫中自由女神揮舞著象徵革命的紅白藍三色旗。

比利時

「維也納會議」將荷蘭和比利時合組為一國，而以荷蘭奧蘭治王室的威廉一世（一七七二～一八四三年）為王，威廉一世隨即就在一八一五年，頒布了一個中庸的自由憲法。按設想，荷蘭的商業、運輸和比利時的工業，可以發揮互補的效果，兩國合併在經濟上似乎能夠相得益彰，但實際執行起來當然沒有那麼容易。

因為兩國的傳統、民俗、宗教、利益等等均大不相同，缺乏統一的基礎，何況比利時的人口明明比較多，但政府卻設在荷蘭，政府要職也大多都被荷蘭人所掌控，比利時人在國會下院也只享有與荷蘭人相等的席次，一些重要的公共措施（譬如學校和銀行）都被荷蘭人所控制，可公債又規定得由雙方平均分配（事實上在一八一四年以前，荷蘭的公債是數倍於比利時）……諸如此類不合理、不公平的現象，都讓很多比利時人感到非常的不滿。

一八三〇年，比利時人受到法國「七月革命」的影響，也採取了行動。這年九月下旬在布魯塞爾（比利時的首都），工人與軍隊發生激烈的戰鬥，後來軍隊終於退出，比利時人成立臨時政府，並於十月初宣布獨立，同時召集國民會議，準備起草憲法。一個月後，國民會議罷黜了奧蘭治王室，但仍決定要建立一個君主立憲政府。

不過，由於比利時的革命破壞了「維也納會議」所建立的規則，因此東歐幾個保守政府（俄、普、奧）都主張要干涉，法國卻力促英國一起反對東歐各國對比利時革命進行干涉，經過一番時日的演變，翌年（一八三一年），比利時終於擁有被當時自由主義分子視為最完備的憲法。只是比利時和荷蘭之間邊界認定的問題，要到一八三九年才達成最後的協議，大致以一七九〇年（也就是法國大革命發生的第二年）的分界為準。

● 德意志境內

德意志的歷史發展與英、法等國很不一樣；當西歐各國都已慢慢蛻化為民族王國時，德意志仍然被籠罩在傳統的神聖羅馬帝國的陰影當中。然而，拿破崙在十九世紀初大大破壞了這個名義上的帝國，還把巴伐利亞等十幾個小邦合組為萊茵聯盟，並把《拿破崙法典》帶進西德，來取代紊亂的封建法系，這些都幫日後德意志的統一，打好了基礎。與此同時，普魯士的改革維新與日趨強大，也漸漸普獲民心。

可是，「維也納會議」決定要在德意志境內，建立一個德意志同盟，為的是要保障德意志境內外的和平，使德意志剛剛發展起來的民族主義受到了打擊。在這樣的情況之下，德意志境內各大學就成了自由運動的中心。

這個時期在經濟方面，有一個對日後影響很大的發展，那就是德意志境內各邦在普魯士的領導下，組成了關稅同盟，可以說是在經濟上先奠定了日後德意志政治統一的基礎。

此外，儘管德意志境內老百姓的思想普遍受到壓制，但是當一八三〇年法國爆發「七月革命」，在德意志境內還是引起了一些迴響。

●俄國

當西歐各國都在發展工業化、自由主義和立憲政制時，俄國仍然處在專制體制之下。俄國的歷史一向是單獨發展的。

十九世紀初的俄皇是亞歷山大一世（一七七七～一八二五年），他在早期還頗有些自由主義的思想，也有一些改革的傾向，但是在一八二〇年以後、時年四十三歲的他開始趨於保守，一般認為應該是因為這年實屬多事之秋，一方面軍隊發生叛亂，另一方面西班牙及義大利境內又發生革命，這些都導致亞歷山大一世開始轉變作風。此後保守派開始得勢，就連出版檢查也趨於嚴格，但祕密結社在軍中還是相當流行，後來慢慢演變成兩個社團。

一八二五年，在亞歷山大一世過世的同一年年底，因皇位繼承問題發生了動亂，是為「十二月起事」。後來繼位的尼古拉一世（一七九六～一八五五年）堅信君主專制，厲行專制統治，壓制各種自由活動，以檢查制度、祕密警察，以及把犯人丟到冰天雪地的西伯利亞集中營等手段，來迫害自由分子，對於俄國境內的少數民族分子，譬如白俄羅斯人、烏克蘭人等等，也厲行俄化政策。

● 希臘

隨著土耳其回教帝國的日趨衰落，原本帝國所統治的東南歐一帶，基督教臣民就漸漸起來反抗土耳其，其中以希臘人較為重要，後來希臘也最早得到獨立。

一八一四年，希臘的愛國分子在俄國成立了一個民族革命組織，叫做「同志會」，這個組織從一開始就受到俄國的支持。六年後，一位曾經在俄國服役、官拜將軍的希臘人伊普斯蘭提斯（一七九二～一八二八年）出任「同志會」的會長，翌年（一八二一年）三月，伊普斯蘭提斯就在摩爾達維亞（位於今羅馬尼亞境內）發動起事，並且號召全希臘人一起抵抗土耳其的統治。

伊普斯蘭提斯原本寄望於他們的行動，會得到俄皇亞歷山大一世的支持，但此時已開始趨於保守的亞歷山大一世，接受了奧國的建議，決定不提供伊普斯蘭提斯任何支持。三個月後，伊普斯蘭提斯被土耳其軍隊擊潰，逃亡到奧國，然後被囚禁了七年。

不過，儘管伊普斯蘭提斯失敗了，已經被點燃的革命之火卻再也無法被壓制，革命活動還是很快便在希臘本土以及愛琴海諸島嶼展開。

希臘人的民族革命在歐洲引起了很大的共鳴，不僅自由主義者視之為一種爭取自由的努力，保守主義者也認為，這是基督教徒反對回教勢力的新十字軍運動，古典主義者將其看做是古希臘光榮的復活，還有浪漫主義者視為是一場爭取民族自由的戰鬥。很多外國人都紛紛熱情的前往支援，英國著名詩人拜倫（一七八八～一八二四年）就是其中之一，他不僅毅然參加了希臘民族解放運動，還成為領導人之一，後來死於瘧疾，年僅三十六歲。

一八二九年，希臘獨立。由於在追求獨立的過程當中，許多歐洲列強都參與其中，因此希臘獨立的意義非比尋常，代表著對正統主義的一大打擊。

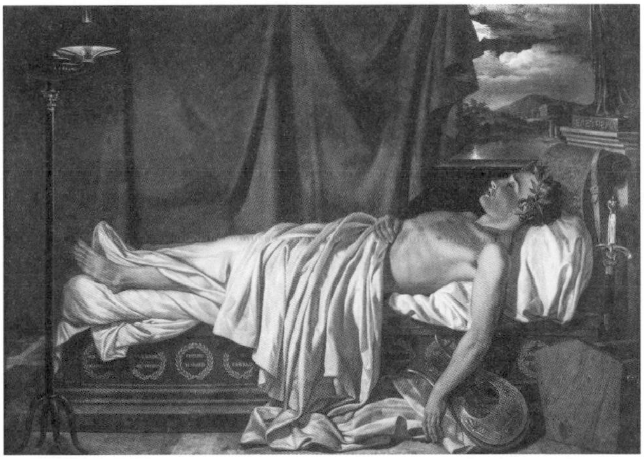

英國著名的詩人拜倫經常支持各民族的獨立運動，他曾親赴義大利以及希臘參與革命行動。圖為描繪拜倫因病逝世於希臘的場景。

格蘭德河——格蘭德河，又稱「大河」，在北美洲南部，是北美洲第五大河流，流經美國和墨西哥，最後流入墨西哥灣。

●拉丁美洲

這裡所說的「拉丁美洲」，指的是位於美國以南，或**格蘭德河**以南的北美、中美、南美和西印度群島，總之就是所有講西班牙語、葡萄牙語以及法語的地區。

這個地區絕大部分都曾經被西班牙長期的統治過，其次為葡萄牙和法國，當然，這些國家也都對拉丁美洲進行過大事開發，但畢竟是一種對殖民地的統治，在政治、經濟和社會上，不免出現了各種不平等的現象。從十八世紀初，拉丁美洲就不斷發生反抗西班牙等國統治的起義活動，經過一個世紀左右的奮鬥，進入十九世紀以後不久，在一八一六至一八二五年，這九年之間，墨西哥、阿根廷、智利、祕魯、哥斯大黎加、厄瓜多、尼加拉瓜、巴拿馬、巴拉圭、委內瑞拉等國家都先後獲得獨立。昔日的拉丁美洲成為二十個國家，大的如巴西，小的如位於中美洲的小共和國，以及位於加勒比海中的小島。

◆——不一樣的英國「革命」

最後，我們要來介紹一下英國的狀況。之所以把英國單獨拎出來講，是因為在一八一五年以後，歐陸各國幾乎都是一種「復辟與革命」的型態，但英國不是，英國可以說是用「改進」來代替革命。英國證明了政治改革不一定非要經過流血抗爭，這也表現出英國政治與歐陸的不同之處。

這主要是因為英國擁有悠久的議會政治的傳統，因此「改革」這個事，大可以用合法的程序來完成。

國會是英國最高的權力機構，一切根本的改革都必須從國會改革做起。在一八二〇年前後，英國實際上還是屬於一種富豪政治，由五百個左右最具權勢的人控制了下議院的大多數選舉；可是從一八三〇年以後，受到法國「七月革命」的影響，英國改革國會的運動便日益增強。

一八三二年以後，英國的兩個政黨也發生了蛻變，成為保守黨和自由黨，然後陸續通過一連串的改革法案，包括一八三三年，通過廢除英國各殖民地奴隸制度的法律，同年還通過《工廠法》，禁止工廠僱用九歲以下的童工。九歲至十三歲之間的童工，每週工作時間不得超過四十八個小時；十三歲至十八歲的童工，則每週工作時間不得超過六十九個小時；同時還規定十三歲以下的兒童每天要上課兩小時。

一八四二年，禁止婦女以及十歲以下的兒童在地下工作（也就是不准他們當礦工了）；一八四七年，規定童工和女工在工廠工作的時間，每日不得超過十小時等等。

不過，在這個時期最大的成就，還是屬自由貿易運動的成功，這主要是表現在取消了《穀物法》和《航海法》，前者一直被民眾批評是在維護地主的利益，後者則是長期以來阻礙了自由貿易。

對於這些改革，英國的老百姓自然是都表示了歡迎，但仍嫌不足，可接下來，由於保守黨和自由黨都拒絕做更進一步的改革。一八三八年，工人發起了「民憲運動」，要求成年男子普選、祕密投票、每年改選國會等等，但結果是令人失望的，他們的行動因為遭到了兩黨的聯合拒絕而宣告失敗。

5　一八四八年義大利、法國、德意志與奧帝國的革命

在這一節中，我們要來了解關於一八四八年，在全歐所爆發的普遍性的革命活動。我們將重點講述幾個國家的情況。

義大利揭開獨立戰爭的序幕

一八四八年，歐洲革命的火花最先是在西西里與那不勒斯點燃。自中世紀以來，義大利半島就一直處於一種分崩離析的狀態。在一八一五年「維也納會議」之後，義大利被拆成八個封建邦國和地區，除了薩丁尼亞王國之外，均直接或間接的接受奧地利的統治，奧國首相梅特涅甚至表示「義大利只是一個地理名詞」，這自然令很多義大利人無法忍受。畢竟義大利可是有著光榮的歷史，還創造過光輝燦爛的文藝復興文化啊！

於是，為了爭取民族獨立和國家統一，義大利人民進行了長時期的武裝抗爭。從一八四八年開始，經過數次獨立戰爭，奮鬥了二十二年，至一八七〇年才終獲成功。

在專制統治之下，義大利沒有議會，沒有言論自由，人民只得祕密結社，「燒炭黨」尤其流行，分支機關遍布整個義大利，會員數萬，但是，他們雖然以統一義大利為目標，卻沒有確切的計畫與政綱，結果就走上了暴動與暗殺之路。西元一八二〇年代以後，燒炭黨曾經發動過革命，但均告失敗。

在這裡我們要特別認識一個人，名叫馬志尼（一八〇五～一八七二年），他也曾經加入過燒炭黨，後因遭到告密而被捕，在二十六歲出獄後，雖然多年旅居國外（主要是在倫敦），但始終心繫祖國。後來他成立了一個叫做「少年義大利」的組織，成員幾乎都是四十歲以下的知識分子，他們不斷鼓吹義大利獨立，漸漸喚醒了人民的民族意識。

其他還有一些組織，也都希望義大利獨立，譬如由教士吉伯特（一八〇一～一八五二年）所領導的「新教皇派」，主張義大利各邦組成聯盟，以教皇為首，恢復義大利過去的聲威，不用暴力手段而完成統一大業。

一八四八年一月中旬，西西里發生了革命，揭開了義大利獨立戰爭的序幕，但是翌年即遭奧軍重挫，宣告失敗。

◆法國的二月革命

一八四八年歐洲各地爆發的革命活動，若以重要性來看，當屬法國的「二月革命」最為重要。

馬志尼是義大利的作家與政治家。他畢生渴望義大利能夠統一，後世將他與加富爾、加里波底稱為「義大利統一三傑」。

我們在上一節中曾經提到過，一八三〇年法國發生了「七月革命」，波旁王室被推翻，取而代之的是奧爾良王室。奧爾良王室在法國的統治，一般稱之為「七月王朝」，政權一共維持了十八年。

一八四七年，時年六十的基佐（一七八七～一八七四年）擔任首相，由於他不僅檢查出版、限制自由集會，還操縱選舉、濫用賄賂等一些不當的方式來維持議會的多數，因此引起各派的強烈反對，紛紛主張要進行議會與選舉改革。

他們預定於一八四八年二月下旬，在巴黎採取「大宴會」的方式來達到集會的目的，不料遭到政府的禁止，於是，當天不少工人和學生就集結起來，舉行遊行示威，一路高呼「打倒基佐！」的口號。

為了安撫憤怒的群眾，國王火速將基佐解職，可還是無法解決問題，局面很快就發展到不可收拾的地步，而且群眾現在的口號不一樣了，已經改成了「共

1848 年法國發生「二月革命」，民眾包圍巴黎市政廳。

和萬歲！」結果，國王宣布退位，倉皇逃往英國，緊接著巴黎成立了臨時政府，這就是「二月革命」。

臨時政府由左右兩派勢力所組成，右派分子包括原來國會中的反對黨，他們贊同共和及普選，但主張溫和的政策；左翼分子則是以社會主義分子為主，主張要藉共和來從事社會及經濟改革。

在這裡我們需要補充說明一下，由於工業的發展以及社會問題的日趨顯著，社會主義的力量不斷在滋長，在一八四八年之前，改革運動、共和運動和社會運動已在法國甚囂塵上。

為了制定憲法，臨時政府遂以成年男子普選的方式來產生國民制憲會議。一八四八年四月下旬，在新選出的國民制憲會議中，比較穩健的共和派占了五百席左右，主張恢復波旁王室的正統派大約百席，主張恢復七月王朝的奧爾良派大約兩百席，唯獨左翼的人數最少，不足百席；左翼分子遂圖謀起事，在五月中衝入會堂，把議員全部逐出，企圖解散國民制憲會議，然後另建一個臨時政府。

這時，國民自衛軍起而維護制憲會議，但由於制憲會議封閉了早已淪為救濟事業的國營工廠，激起巴黎所有勞動分子的公憤，使他們也起而反抗。還有更多的人不斷從各地湧入巴黎，情勢遂愈演愈烈，衝突也不斷升高。最終在六月下旬演變成一場大規模的流血事件，造成一萬人死傷，一萬一千人被俘，社會主義分子折損慘重。

到了十一月初，國民制憲會議完成制憲，並有鑒於四個多月以前巴黎的騷亂，新的憲法除了決定要成立一院制的國會（由七百五十名議員組成）、規定成男普選、肇建共和之外，也決定要加強行政權，以經普選產生的總統為元首。

一八四八年十二月的總統選舉，一個沒有太多具體政見的政壇新人，以壓倒性的勝利脫穎而出，一般認為這個結果反應出當時法國人民的一種特殊心態，那就是在動亂之後，大家顯然都特別渴望能夠有一個「強人」出現。而這位時年四十、頗為年輕的總統正有著顯赫的家世，他就是拿破崙的侄子——路易．拿破崙．波拿巴（一八〇八～一八七三年），也就是日後的拿破崙三世。

他是法國歷史上第一位民選總統，亦是法國最後一位君主。

1848 年法國制憲會議制定的新憲法，建立法國第二共和政體。

◆奧、匈與德意志境內的革命

法國「二月革命」的消息在奧帝國引起了革命的騷亂。首先，同年三月初，匈牙利的民族與自由運動領袖葛蘇士（一八〇二～一八九四年）在議會演說上，大肆抨擊奧帝國，並要求在匈牙利建立責任政府。

從一六九九年開始，匈牙利全境就由奧地利的哈布斯堡王朝統治，到此時已經一個半世紀。葛蘇士的發言立刻引起強烈的共鳴，十天之後，本是保守主義的重鎮、也就是奧帝國的首都維也納，突然出現工人與學生共同起事，並侵擾皇宮，逼得已經七十五歲高齡的首相梅特涅被迫去職。為了脫困，梅特涅還化裝成英國人，倉皇逃往英國。

梅特涅從三十六歲開始擔任奧帝國的外交大臣，四十八歲起兼任奧帝國的首相，領導奧地利的政治外交長達三十九年之久，在歐洲形成以「正統主義」和「大國均勢」為核心的「梅特涅體系」。在他這麼久的職業生涯中，最為人所稱道的成就，應該就是運用出色的外交手段領導反法同盟，來共同對付拿破崙。一生反對一切民族主義、自由主義和革命運動的梅特涅，大概怎麼也沒有想到，自己在晚年竟然會是以如此不光采的方式離開奧帝國。三年之後，梅特涅從英國回到國內，又過了八年在維也納病逝，享年八十六歲。

一八四八年三月中旬、梅特涅出逃之後，革命的浪潮立刻席捲整個奧帝國、義大利和德意志。同年四月下旬，奧皇被迫頒布憲法，宣稱要建立立憲政權和責任政府，但人民仍不滿意，很快的就又發生了示威活動。不到一個月，這回連皇帝都跑了，出奔到位於奧地利西部、在阿爾卑斯山山谷之中的因斯布魯克。

差不多兩個月後，制憲大會集會於維也納，宣布將皇帝之前頒布的憲法棄置，另制民主新憲，且廢除農奴。

革命的風暴也侵襲到了普魯士。一八四八年三月中旬，柏林街頭發生了暴亂，造成了軍民衝突，國王為了避免事態擴大，及時撤出了軍隊，並且允許普魯士人民選出制憲會議。

很快的，革命活動在德意志境內的南部、西部和中部各邦紛紛展開。

不過，至一八四八年六月以後，在德意志以及奧、匈境內原本似乎頗有斬獲的革命活動，開始出現了逆轉，最後竟然全告失敗。造成失敗的因素很多，比方說，英、法等國都是先成為民族國家，然後才進行社會革命，而德意志及奧、匈的民族統一運動與自由政治運動，則幾乎是同時進行；此時共產主義已經萌芽，使得中產階級形同要兩面作戰，一方面要對抗土地貴族與專制王侯，另一方面又要對抗工人階層，自然無法集中全力。

◆革命活動為什麼爆發？

一八四八年，除了英國和俄國，幾乎歐洲各地都爆發了革命活動，所引起的騷亂既是空前、恐怕也是絕後。在這一年，革命活動之所以會如此普遍，究其原因大致有三個：

●民族主義的興盛

各個民族都想要爭取統一和獨立。

●自由主義的興盛

各地民族的要求都很接近，都想要爭取代議制度、個人自由、取消農奴制度、司法改革等等。

●經濟蕭條的推波助瀾

從一八四六至一八四七年，歐洲的農業、工業都發生了經濟蕭條，大批工人失業，生存面臨極大的挑戰，為社會投下了極不穩定的因子。

不過，一八四八年，革命活動雖然在歐洲遍地開花，但因領導人物多半都是政治經驗不足的知識分子（因此有「知識分子的革命」這樣的說法），最後在各地都沒有成功，使民族主義和自由主義都受到了打擊。

當然，這一年的革命活動也不是毫無建樹，譬如成年男子普選的做法，就在法國被保留了下來，在德意志和奧帝國境內的農奴制度也就此消失。之後保守主義雖然重返歐洲，但與過去的梅特涅時代相比，還是很不一樣的。

6 路易・拿破崙與法蘭西第二帝國

路易・拿破崙的早年時期

一八〇八年，路易・拿破崙出生於巴黎。他的父親路易・波拿巴（一七七八～一八四六年）是拿破崙的幼弟，當年拿破崙幾乎征服整個歐洲時，迫使荷蘭成為法國的附屬國，然後就把自己的弟弟路易・波拿巴封為荷蘭國王。

路易・拿破崙的幼年是在皇宮裡度過，這對他一生的影響很大，比方說，後來當他在成長過程中，雖然也吸收到一些自由主義的思想，但是他的自由思想與一般人不同，充滿了矛盾，總是把對於伯父拿破崙的崇拜摻雜在一起，而且程度還很深。

一八一五年，當拿破崙第二次遭到流放、勢力徹底瓦解的時候，路易．拿破崙七歲。之後他就隨著母親在瑞士及巴伐利亞生活，年紀稍長在奧格斯堡大學預科和阿倫伯格軍事工程學校，以及炮兵學校接受教育。在他二十歲左右，已經成為一名自由主義者，仇視波旁王朝，但他同時又始終深受皇權思想的支配。

路易．拿破崙早年就對政治活動很有興趣，他參加過義大利的燒炭黨，還參與過一些起事。

一八三〇年法國爆發「七月革命」、波旁王朝被推翻時，路易．拿破崙正在義大利。在「七月革命」的影響下，很快的義大利中部就爆發了起義，年輕的路易．拿破崙也加入了起義者的隊伍。

路易．拿破崙為拿破崙的侄子，因為從小對伯父的崇拜，以成為像拿破崙那樣的強大君主為理想。

過了兩年、在他二十四歲那年，拿破崙的兒子死了，路易．拿破崙就成了整個家族的領袖，他也堅信自己就是伯父的繼承人，相信自己一定可以恢復家族的事業。

之後，他曾經兩次企圖在法國起事，但均告失敗。第一次的行動（在他二十八歲時），甚至不到兩個小時就被當局給解決了，簡直形同兒戲，然後他就被流放到了美國；第二次（在他三十二歲時），在起事失敗之後，他被判終生監禁，關在靠近比利時邊界的監獄，一關就是五年半。但他在獄中所受到的待遇還是不錯的，在這段期間，他寫了一本書，叫做《論消滅貧困》，聲稱自己要成為進步主義的皇帝，推行溫和的經濟政策，自許為捍衛勞動階層的人。

「做皇帝」，就是路易．拿破崙的夢想。

真的實現的「皇帝夢」

在採取第二次行動的前一年，他還發表了《拿破崙思想》文集，歌頌伯父偉大的功績，並且竭力將伯父所執掌的第一帝國理想化，強調伯父實際上是一位愛好和平及自由的鬥士，曾經完全實現了法國大革命的理想，只不過他所有的努力都受到了誤解。總之，頂著拿破崙家族的光環，就算路易．拿破崙的兩次起事都令人覺得相當幼稚，可還是慢慢讓人多多少少認識了他。

一八四六年，路易．拿破崙逃出監獄，躲到了倫敦，過了一年多無所事事的日子，直到一八四八年「二月革命」爆發後才返回法國。這年，他四十歲，由於大半生都生活在國外，他講起法語有很濃重的德國口音。

不久，路易．拿破崙當選為制憲大會的代表，他在會中表現不佳，第一次演講在走上主席臺後，竟然緊張得一個字都說不出來；第二次的表現好一點點，總算是能夠開口了，但也講得非常糟糕。「膽小笨拙，不善言辭」就是他給別人的印象，這個時候恐怕沒人想得到他胸懷大志。

同年十二月，路易．拿破崙參加總統選舉，結果竟拿到百分之七十五的選票，非常驚人，一般認為他當選的原因，主要就是因為他的名字裡有「拿破崙」！此時拿破崙退出歷史舞臺都已經三十多年了，但由於在拿破崙之後復辟的波旁王朝以及七月王朝，都相當平庸，再加上總統選舉這年，大家對於社會主義分子在「二月革命」時所發動的暴亂，也很是印象深刻，心有餘悸，讓老百姓益發緬懷拿破崙當年的聲威，也益發渴望秩序與安定，結果，這些因素竟然都非常微妙的成了路易．拿破崙的政治資本。

路易．拿破崙在總統選舉過後的十天左右就宣誓就職，保證一定會忠於民主共和，可路易．拿破崙當然沒有忘記他的皇帝夢。在就職之初，他原本希望能夠取得保守分子的信任，然後修改憲法，可是修改憲法必須獲得國會四分之三議員的同意，當他在嘗試過而且失敗、發現這條路實在太難之後，就決定要改採第二條路，那就是乾脆發動政變。

一八五一年十二月初，路易．拿破崙調動七萬多軍隊，占領巴黎，解散立法議會，逮捕所有反對他的議員，並宣布恢復普選，聲稱要由人民投票來決定，是否賦予總統更為持久的權力，以及修改憲法的權力。稍後，巴黎人民反抗，遭到血腥鎮壓，被害者達一千多人，緊接著全法國三十二省均宣布戒嚴，許多異議分子都被無情的驅逐出境。

著名作家雨果（一八〇二～一八八五年）原來是支持路易．拿破崙的，可是在他發動政變之後，雨果非常失望，後來就流亡海外，經常對路易．拿破崙進行抨擊。雨果的傳世名作《悲慘世界》，就是他在流亡海外時所寫的。

一八五二年接近年底時，路易．拿破崙在已掌握了大權之後，再要公民投票的花招，就「是否恢復帝制」進行投票，結果有七百多萬選民贊

雨果是著名的法國文豪，著有《鐘樓怪人》、《悲慘世界》等經典著作。圖為1876年的雨果。

成，只有二十五萬左右反對。於是路易・拿破崙就在十二月二日，堂而皇之的改建世襲帝國，自稱「拿破崙三世，法蘭西人的皇帝」。

這年距離他伯父當年稱帝相隔了四十八年，四十四歲的路易・拿破崙終於實現了他的皇帝夢。

而隨著路易・拿破崙的稱帝，他曾經宣誓效忠的「法蘭西第二共和國」，僅僅維持三年就壽終正寢了。

法蘭西第二帝國

路易・拿破崙所建立的政權被稱做「法蘭西第二帝國」，是法國歷史上最後一個君主專制政權，前後維持了十八年，至一八七〇年「普法戰爭」，法國戰敗而結束，而路易・拿破崙是這個帝國唯一的一位君主。

路易・拿破崙的政權並不獲當時歐洲各國正統王室的支持，譬如，俄皇對其他歐洲各國君主都是稱呼為「我的兄弟」，唯獨對路易・拿破崙只願稱呼為「我的朋友」，因為路易・拿破崙的王朝缺乏一般正統王朝的堅實基礎，只是靠著拿破崙傳奇和經濟進步來維繫政權。

不過，經濟政策確實是「法蘭西第二帝國」表現最為成功的一面。路易・拿破崙在位期間，不僅帶領法國完成了工業革命，促進了經濟繁榮，對外貿易也大幅增加，在一八五九至一八六九年、十年之間，法國人還成功開鑿了**蘇伊士運河**，並擁有其控制權達六年之久，直到英國政府 購得埃及股票為止。

為了向工人示惠，路易・拿破崙也實行了不少社會政策，因而贏得「社會主義皇帝」的稱號。他不但在巴黎和馬賽等地都興建大量住宅，還加強慈善措施，支持工會。在一八六四年，「有組織的罷工」在法國已成為合法的行動。

1869 年首次通航的蘇伊士運河，對於往後遠航運輸以及經濟發展，有很重要的貢獻。

蘇伊士運河——

蘇伊士運河位於埃及東北部，是亞、非兩洲的分界線，連接地中海和紅海，是聯繫大西洋和印度洋，一條具有戰略和經濟意義的重要水道。

對於**首都巴黎的建設**，路易．拿破崙也不遺餘力。在他的監督之下，巴黎完成了很多大型的公共工程、林蔭大道和廣場，這不僅美化了首都，也大量解決了就業問題。

「法蘭西第二帝國」的外交政策，在一八四八至一八五九年期間還算是成功的，但是自從一八五九年介入義大利問題、再加上又中途撤軍之後，路易．拿破崙就開始遭到來自各方面的反對，包括法國內部天主教派，強烈反對他的義大利政策，在國際上路易．拿破崙也陷於孤立。

路易．拿破崙最失敗的，還是他對德意志的政策，後來他的帝國也因此覆滅。

一八六六年，普、奧發生戰爭時，由於這場戰爭對法國勢必會造成很大的影響，路易．拿破崙本應早有作為，可是他料想普、奧開戰之後應該會僵持不下，盤算著到時候法國再以仲裁者的身分介入，這樣就可謀取較大的利益。誰知人算不如天算，僅僅七個星期戰爭就結束了（因此這場戰爭又被稱為「七星期戰爭」），普魯士取得了勝利。

首都巴黎的建設——巴黎著名的凱旋門，是現今世界上最大的一座圓拱門。這倒與路易．拿破崙無關，是在一八三六年、路易．拿破崙還沒被選上總統之前就落成的。凱旋門是在一八〇六年，由拿破崙下令建造，目的是為了要紀念法國革命軍。

不過，路易．拿破崙在凱旋門所在廣場，原有的五條大街之外，再增七條，使之成為輻射狀，至一八六八年、也就是距今約一個半世紀以前，凱旋門及其周邊景象差不多就已經是我們今天所看到的樣子。

因為戰爭結束得太快，法國根本來不及插足，聲望與利益都蒙受了極大的損失，更何況普魯士在獲勝之後，不可能就此停下腳步，事情突然就變得分外棘手。事實上這一年的「普奧戰爭」，是德意志統一運動中的獨立戰爭之一。

站在法國的角度，自然是不樂見德意志的統一，這將大大有損法國的利益，那麼，該怎麼辦呢？這個時候，路易・拿破崙一方面再度表現得猶豫不決，另一方面因為企圖與奧國、義大利聯盟但也不成，最後只得在一八七〇年，軍備不足和外交孤立的情況下，非常倉促的向普魯士宣戰，戰敗之後，「法蘭西第二帝國」就此淪亡，大獲全勝的普魯士則建立了德意志帝國。

7 克里米亞戰爭與巴黎和會

當初在召開維也納會議時，儘管拿破崙已經遭到流放（第一次被流放），但是為了防止法國重新崛起，歐洲各國可沒少費心機，比方說，由俄國、奧地利和普魯士所組成的「神聖同盟」，最主要的目標就是針對法國，約定大家要一起維護君主政體，反對法國大革命在歐洲所傳播的革命理想。

一八一五年，列強在六月簽定《維也納和約》，同年年底，英國、俄國、普魯士和奧地利還特別多簽定了一份《四國同盟條約》，來防止法國再次對歐洲構成威脅。大家實在是被拿破崙給弄怕了。

不過，英國其實也擔心俄國在歐洲大陸會過於強大，而影響到歐陸的均勢。

開始不安的歐陸平衡

十九世紀的政治家，普遍都希望能夠保持歐洲的均勢，但是因為每個國家的相對實力都在不斷的變化，因此，想要保持均勢，讓每個國家或是一些國家組織之間的力量保持平衡，就勢必得經常調整彼此之間的關係。而這樣的調整，不免需要一個帶頭者，英國就經常在這樣微妙的調整中扮演著重要的角色。

但與此同時，英國又希望能夠保持自己在海上絕對霸主的優勢，絕不允許別的國家來挑戰自己的海上霸權。這雖看似矛盾，實際上正反應出一種無可迴避的國際現實，那就是只有少數幾個強國才能參與和影響國際關係，讓大家保持均勢；

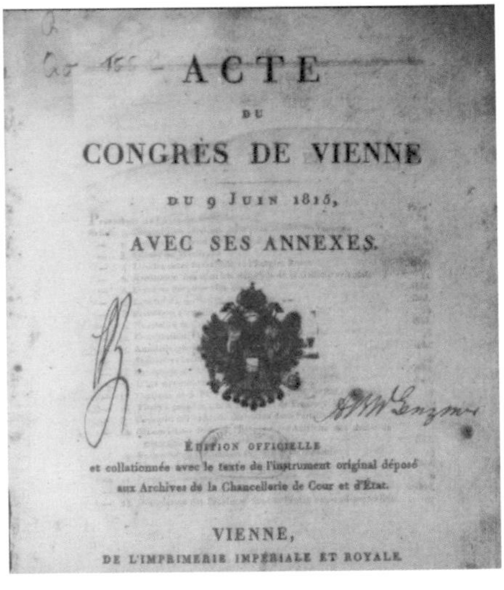

於 1815 年簽定的《維也納和約》封面。

可是當事關自己的優勢時，這些強國也總是想在運作自己的影響力時，把限制強加給別的國家。

曾有西方學者指出，英國在十九世紀的外交準則，就是希望先成為歐洲的仲裁者（維持均勢），然後再成為世界的仲裁者。當然，能否做到，就完全取決於英國的經濟和軍事實力。

另一方面，路易・拿破崙被普遍認定是奪取了法國大革命的果實，當法國國內出現想要改變《維也納和約》所約定的歐洲版圖的聲音時，一度引起了整個歐洲的警惕。後來，在法國試圖威脅比利時的中立地位後，俄國還主動向英國提出，可以派遣軍隊來提防法國，不過事後證明只是虛驚一場，因為歐洲列強很快便發現，路易・拿破崙是沒有他伯父那種膽略的。因此，不僅俄國期待的英俄同盟成為了泡影，英法關係也並沒有惡化。

後來是路易・拿破崙挑起的「聖地之爭」，成為法、俄衝突的導火線，最終在幾個大國之間掀起了軒然大波，日後更引爆了「克里米亞戰爭」（由於對俄國本土作戰不易進行，聯軍遂選取俄國位於克里米亞半島南端的黑海軍港，做為打擊目標，想要摧毀俄國在黑海的優勢）。

◆從聖地之爭到克里米亞戰爭

所謂「聖地之爭」，是指東方正教教士與拉丁（天主）教士，互爭巴勒斯坦聖地的管理權。俄國一向以東方正教的代言人自居，法國亦自命為天主教的保護者，可是近五十年來，拉丁（天主）教會在**近東**的活動大不如前，東方正教信徒與拉丁教會信徒去聖地朝聖的比數，差不多近乎一百比一。在法國，教會一直吵著要加強他們在近東的地位，於是，東方教會與拉丁教會的爭執，慢慢成為俄國與法國在近東的聲望之爭。

不久，法國向土耳其交涉（因為從十六世紀起，巴勒斯坦就是鄂圖曼土耳其帝國的一部分），一八五二年十二月，土耳其政府答應了法國政府的要求，要讓拉丁教士獲得聖地的管理權。這讓俄國十分憤怒，這麼一來，這場聖地管理權之爭的性質，就演變為一場國際勢力的角力——俄國想要控制土耳其，可是英國和法國打算維持此地區的均勢，或者說是歐洲列強為了要爭奪巴爾幹半島的控制權，而終於發展成軍事衝突。

一八五三年七月，「克里米亞戰爭」爆發，進行了兩年多，持續到一八五五年年底。這是拿破崙帝國崩潰以後，在歐洲大陸規模最大的一次戰爭。鄂圖曼土

近東——歐洲人通常把地中海東部沿岸地區，包括非洲東北部和亞洲西南部，有時還包括巴爾幹，稱為「近東」，但伊朗、阿富汗除外。

耳其帝國、英國、法國、薩丁尼亞王國等，先後向俄羅斯帝國宣戰。最後戰爭結果是以俄羅斯帝國的失敗而結束，因此，這場戰爭也引發了俄羅斯帝國國內的革命。

「克里米亞戰爭」是在拿破崙勢力瓦解、「維也納會議」舉行之後，經過三、四十年，歐洲頭一回見到的普遍性戰爭。它的特殊意義在於，在此之前，多少個世紀以來，每有戰事，交戰雙方的軍事力量總是以人數來計算和估量，但在「克里米亞戰爭」中出現了許多嶄新的戰爭手段，這場戰爭甚至還推進了火炮槍械和水雷武器進一步的發展，可說是世界史中第一場充滿了現代化色彩的戰爭，人類從此走向科技戰爭。

鄂圖曼土耳其帝國難以維持其統治，俄國趁機而入，引起英法兩國的聯手干預，爆發「克里米亞戰爭」。圖中描繪當時英軍與俄軍的混戰。

同時，「國際護士節」也可以說是誕生在這場戰爭當中，因為「國際護士節」是五月十二日，這個日期是取自英國女護士南丁格爾（一八二〇～一九一〇年）

的生日。南丁格爾出生於義大利，來自一個英國上流社會的家庭，後來在德國學習護理。在「克里米亞戰爭」期間，時年三十出頭的她，非常勇敢的和其他三十幾名護士，一起跑到前線去護理傷員，還改善了野戰醫院的衛生條件，有效提高了受傷士兵的存活率。因為南丁格爾從大量的資料中分析，發現其實大多數的士兵都不是直接在戰場上陣亡，而是在受傷之後，因為飢餓、營養不良、野戰醫院的衛生條件太差、缺乏護理等因素而死亡，所以呼籲英國軍方一定要改善野戰醫院，終於引起了軍方的重視。

南丁格爾被稱為「克里米亞的天使」，又稱「提燈天使」，更被後世視為近代護理事業的創始人。戰後南丁格爾在倫敦創辦了第一所護士學校。為了紀念她，世人遂以她的生日定為「國際護士節」。

克里米亞戰爭時期的醫療狀況很差，南丁格爾致力於改善野戰醫院的衛生條件。圖為1860年的南丁格爾。

◆—巴黎和會與《巴黎和約》

「克里米亞戰爭」結束後，和平會議於一八五六年二月下旬，在巴黎正式召開，是為「巴黎和會」。

和會的主席是法國的外相，英國、俄國、奧國、土耳其等均派了代表參加。在交涉過程中，英國和俄國為主要的對手方，英國的目標，是想要建立巴爾幹半島以及小亞細亞的安全體系。路易・拿破崙本想趁著這次和會，將當年《維也納和約》中的一些協議（特別是針對義大利及波蘭的部分）做一些修正，可是英國不贊成，奧國跟進，兩國都希望保持《維也納和約》的約定。

法國遂轉而想要爭取戰敗國俄國的友好，這令英國十分不悅，認為法國首席代表的做法，簡直就像是俄國的代表（後來俄、法的關係確實一度好轉）。

參與 1856 年巴黎和會的各國代表合照。

經過一番激烈的討價還價，在磋商了一個多月之後，各國代表終於在三月底都在《巴黎和約》上簽了字。

合約的主要內容包括以下幾個要點：

一、列強共同保證土耳其的獨立與完整。

二、土耳其保證改善境內人民的現況，不分種族與信仰。

三、俄國收復克里米亞半島之前被聯軍占領的領土，同時也把自己所占領的土地還給土耳其，並且放棄對土耳其境內東方正教的保護權。

四、由列強共同保證塞爾維亞等地位，並保證宗主權仍歸土耳其。

五、黑海再也不能被俄國視為「內湖」，而是從此中立化，禁止俄國在黑海沿岸建立或保有兵工廠。

六、多瑙河諸河口，從此自由通航。

和會還通過了《海上國際法原則宣言》，附於《巴黎和約》，內容包括繼續禁止劫掠商船；除了違禁品外，中立國船隻上所載運的敵國貨品不應沒收；敵國船隻上所載運的屬於中立國的物資，如非違禁品亦不得收繳；限制封鎖範圍等等。這個宣言經過了一百多年，直到當代依然是國際法的重要組成部分。

儘管《巴黎和約》的規定其實並沒有持續太久，可「克里米亞戰爭」與《巴黎和約》的影響卻非常深遠。比方說，當年從維也納會議之後，歐洲的國際秩序之所以能夠維持四十年左右的大致穩定，與俄國、奧國兩帝國的通力合作很有關係，這兩個帝國都是《維也納和約》的熱心支持者；可是在「克里米亞戰爭」時，奧國基於自身利益，不願見到土耳其帝國崩潰，也不願見到俄國在東南歐太過擴張，所以一直對俄國採取敵對的態度。

俄國與奧國在這次交惡之後，大約長達一個世紀都無法再建立和睦的關係，而俄、奧兩國不再齊心，是日後義大利和德意志得以統一建國的最大因素之一。

第三章　世界性的重大事件

十九世紀時，中、美、俄、日，都發生了好些足以稱得上是世界性的大事。我們選取了五個主題，按起始時間的先後來加以講述。首先要講的是，關於俄國內政的改革。

1 俄國內政改革

在十九世紀中葉，從波蘭延伸到太平洋的龐大帝國——俄國，仍屬於一個農業國家，農民占了人口當中的絕大多數。俄國是採專制政體，學者大多認為，俄國之所以能夠長時期維持專制政權，主要就是因為絕大多數的農民，都具有所謂的「政治惰性」，受到自由主義的感染很少，因此在所有歐洲國家裡頭，俄國一向是專制和保守的代表。

與此同時，俄國的軍事力量，一向也是嚇阻歐洲自由革命運動的強大力量，可是俄國在「克里米亞戰爭」中的慘敗，暴露出俄國的基本制度肯定是出了問題，要不然怎麼會發生裝備落後、軍事思想陳舊、指揮無方、後勤運輸和供應能力低下等，諸多令人氣惱的現象？

由於俄國在「克里米亞戰爭」中嚴重失利，俄國舉國上下對於皇帝尼古拉一世（一七九六～一八五五年）的不滿達到了頂點。一八五五年，就在「克里米亞戰爭」的尾聲（戰爭結束的前一年）、俄國大勢已去的時候，尼古拉一世病逝，時年三十七歲的亞歷山大二世（一八一八～一八八一年）繼位。

亞歷山大二世是尼古拉一世的長子，由於他的兩位伯父都沒有子嗣，所以大家很早就意識到，他將是未來俄羅斯帝國的繼承人，他也因此從小就受到很好的培養。

他的老師是當時俄羅斯最知名的學者和詩人，茹科夫斯基（一七八三～一八五二年）。茹科夫斯基是俄國十九世紀初期浪漫主義的代表作家，也是一位傑出的翻譯家，從三十二歲開始進入宮廷任職，先是擔任皇室人員的伴讀，從四十二歲開始擔任亞歷山大二世的老師，這年亞歷山大二世年僅七歲。

茹科夫斯基本身擁有深厚的人文素養，非常注重亞歷山大二世的人文教育，而尼古拉一世則始終堅信，唯有先成為一個標準的軍人，才能很好的成為帝國的

俄皇亞歷山大二世，他於任內積極進行國內改革，對於農奴解放以及俄國近代化有重要的貢獻。

統治者。在亞歷山大二世的成長過程中，由於父親和老師對於教育的觀點不盡相同，兩方面都不免對亞歷山大二世格外的用心，結果使得亞歷山大二世既受到良好的文化思想教育，也接受了良好的軍事教育。

亞歷山大二世相當聰穎，也很努力，在十九歲的時候就已經能夠嫻熟掌握英語、德語、法語和波蘭語等四種語言，以及數學、物理、地理、歷史、法學、政治經濟學、東正教神學等諸多科目。毫不誇張的說，如果與之前所有的俄羅斯帝王相比，亞歷山大二世可說是得到了最好的教育，以及最好的培養。

亞歷山大二世的改革之路

亞歷山大二世繼位的時候，正值壯年，他從父親手裡接過來的是一個國力衰落、危機四伏的帝國，他知道一定要盡快進行改革。

此時俄國所面臨的最大的社會和經濟問題，便是農奴問題。

十九世紀中葉以後，俄國漸漸形成一個特殊的階層，叫做「知識分子」，這個階層包括所有的學生、受過專門教育以及有閱讀習慣的人，這些知識分子不斷鼓吹廢除農奴，說這種制度早已不足以應付俄國十九世紀以來的經濟發展。亞歷山大二世本人亦對農奴制相當不滿。

在他即位一年以後，便在莫斯科向貴族發表演說，勸告這些貴族盡早放棄農奴制，但是貴族們對於這樣的呼籲都反應平淡，畢竟數百年來，官僚和土地貴族是俄國專制政治的兩大柱石，此時俄國百分之九十的人口都是農奴，想要廢除農奴制，談何容易！

可是，眼看農奴完全被束縛在土地上，生產效率非常低下，嚴重妨礙了以僱傭自由勞動為基礎的資本主義發展，更何況，農奴反抗運動之風也日益高漲，亞歷山大二世下定了決心，農奴制非要廢除不可！而且應該愈快愈好，否則問題只會一天比一天嚴重。

一八五七年、也就是在「克里米亞戰爭」結束一年後，亞歷山大二世先成立一個特別委員會，開始籌備廢除農奴制的改革事宜。

這個議題所牽涉到的方方面面，問題非常複雜，並不僅僅是要求二十五萬擁有農奴的貴族放棄特權而已，光是由於俄國幅員遼闊，考慮到各個地區地域性的差異，想要就廢除農奴制研究出一個切實可行的方案，著實就是一項很大的挑戰。

經過好一段時間的準備，一八六〇年十月，總算完成了草案，緊接著翌年三月三日，亞歷山大二世就頒布詔令，令大約兩千兩百五十萬左右的私人農奴獲得自由。

又過了五年多、至一八六六年，又有為數大約兩千兩百五十萬的政府農奴，以及大約兩百萬左右的王室農奴獲得自由。

農奴在獲取人身自由以後，亦分配得有土地，分期向政府繳清地價，以四十九年為期；地主則由政府以債券做為補償。

過去，因為對於貴族的義務缺乏清晰的認定，土地所有權的情況也很模糊，所以與其說貴族擁有土地，倒不如說是貴族擁有農奴；而農奴自己則一直普遍相信，儘管他們屬於貴族，但至少土地是屬於他們自己的。因此，當廢除農奴制的諸多規定頒布之後，不難想見一時之間很多人都很茫然，弄不清到底是怎麼一回事。

亞歷山大二世積極推動農奴解放。圖中描繪 1861 年，俄羅斯農奴聆聽解放詔令時的情景。

◆──廢除農奴制後的影響

亞歷山大二世原本是希望藉由改革，使俄國農民變成法國式的農民，來穩定政治，但是日後看來，這一點期望似乎是落空了。由於農業危機的存在，使得農民在農奴制被廢除以後，都普遍大感不滿，導致後來進入二十世紀以後的幾次重要的革命，都有不少農民參加。而地主也同樣不滿，因為他們所收到的債券不斷的貶值。

亞歷山大二世原本希望，要最大限度的讓貴族和農奴都對改革感到滿意，想要達到這個目標無疑是非常艱難的，但是，面對重重阻力，亞歷山大二世還是堅持下來了。日後當世人回過頭來審視，便會發現亞歷山大二世廢除農奴制之舉，確實使俄羅斯整個社會獲得了質量上的進步，這項改革的影響之大，被認為是歐洲繼法國大革命之後最偉大的社會運動，亞歷山大二世因此獲得了「解放者」的稱號。

隨著農奴制的廢除所引起的社會與經濟上的變化，也使得其他的改革同樣勢在必行。

比方說，由於農奴在獲得自由與土地之後，土地貴族喪失了司法權和警察權，使得司法改革就變得非常必要。俄國的司法原本相當專斷和腐化，但是在一八六四年，政府廢除了舊有的階級法庭，成立了簡化的法院系統，以法國和英國的做法為師，改進司法業務，建立法律平等的觀念，陪審制度和律師制度也在這個時候被介紹進俄國。同時，法官也改為終身職，以提高審判獨立。

從一八六四年開始，俄國社會還有一件值得大書特書的變化，就是地方自治系統的建立。各個地區和各省都成立了地方諮議會，成員由土地貴族、村社農民和城市居民選舉的代表組成，用意是不讓任何一個階層把持議會。諮議會每年集會，選出執行委員會來監督諸多地方事務，譬如像地方教育、醫藥衛生、修築道路等。

一八七〇年，亞歷山大二世又特別改革城市行政，這也是亞歷山大二世最後一次的改革。他廢除了舊有的寡頭政治，予各城市地方自治，由人民選出的議會來主持。

亞歷山大二世的改革，雖然從表面上看起來，似乎是集中在社會、軍事、司法和行政體制等這些方面，但實際上所謂「牽一髮而動全身」，凡是重大改革，肯定會牽涉到社會很多很多的層面，比方說，他對出版檢查比較鬆懈，使得俄國人民的思想和觀念流通，比過去要方便不少；他加大對於教育和醫療衛生的投入，使學術空氣轉向自由化；他讓中等教育機構開始面向全社會招生，改變以往只有貴族子弟才有機會受教育的做法；他還開辦了俄羅斯第一批女子中學，使女性也有接受高等教育和醫學專業教育的權利。亞歷山大二世在位時期，俄羅斯婦女的社會地位，普遍高出其他歐洲婦女。

亞歷山大二世也很注重交通運輸的問題，在他即位時，俄國只有一條從聖彼得堡到莫斯科的鐵路幹線，全國鐵路里程不過九百多公里；可是經過他在位二十六年，到他過世的時候，全俄國鐵路的里程已達兩萬兩千多公里。鐵路運輸的發展，自然在很大程度上活躍了俄國的經濟。

一八八一年，被後世譽為「俄國近代化先驅」的亞歷山大二世，遭暗殺而死，享年六十三歲。

他的死，在俄國代表了一個時代的結束。

2 中國自強運動

在「克里米亞戰爭」結束之後的第二年（一八五六年）十月，英、法兩國在俄國和美國的支持下，聯合發動了一場侵華戰爭，目的是想要像十幾年前的「鴉片戰爭」一樣，用武力更進一步打開中國的市場，擴大在中國的侵略利益。

這場戰爭被稱為「第二次鴉片戰爭」，一打就是四年，至一八六〇年十月才結束。

改革背景：第二次鴉片戰爭

「第二次鴉片戰爭」的爆發其實早就有跡可循。

在一八五四年、當《南京條約》屆滿十二年的時候，在英國的帶頭之下，歐洲列強都不約而同的向清廷進行交涉，希望能夠全面修改《南京條約》，主要就是希望中國能夠全境開放通商、並使鴉片貿易合法化等等，但都遭到了清政府的拒絕。

這麼一來，既然上回「鴉片戰爭」是靠武力強行打開了中國的市場，歐洲列強在食髓知味之餘，自然就有了故計重施的念頭，因此，在向清廷要求全面修改《南京條約》未果之後，過了一年多，當「克里米亞戰爭」一結束，他們就迫不及待要對中國採取行動。

尤其在「克里米亞戰爭」中戰敗的俄國，損失慘重，打算用侵略中國來彌補損失（後來在「第二次鴉片戰爭」中，俄國出兵後以「調停有功」自居，脅迫清廷割讓了一百五十多萬平方公里的土地，果真成了最大的贏家）。英、法等「克里米亞戰爭」的戰勝國，也在西方的戰事結束之後，得以調出較多的兵力來轉向中國；而此時的美國正處於積極向外擴張的時期，因此也樂於執行與英、法聯合侵略中國的政策。

戰爭爆發還有一個很重要的原因是，中國自從一八五一年爆發「**太平天國**」的內亂，到這個時候已經過了好幾年了，清政府非但沒有解決，還愈演愈烈。歐洲列強認為眼看清廷為了想要平定太平天國而焦頭爛額，這可不正是他們發動侵略的大好時機嗎？

一八六〇年十月，英法聯軍攻入清廷的首都北京，逼得皇帝出逃，聯軍則在北京城郊，燒殺擄掠近五十天，圓明園等好幾處皇家園林都遭到洗劫和焚毀，光是圓明園的大火就持續了三天三夜，三百多名太監和宮女

太平天國的領袖洪秀全，以「拜上帝會」號召群眾反抗清朝統治。圖為洪秀全使用的玉璽。

太平天國——

太平天國內亂前後歷時十四年，至一八六四年才結束，不僅是中國歷史上第一次在南方興起然後波及到全國的農民戰爭，也是世界歷史上一次規模空前的農民戰爭。

都葬身火海。法國作家雨果對此發出強烈的譴責，斥之為「兩個強盜的勝利」。

自工業革命以來，西方國家掀起了殖民戰爭的狂潮，英國更是積極在全球範圍，打造自己的「日不落帝國」，在這樣的情況之下，亞洲自然就成了英國殖民擴張的目標；當英國成功將印度占領之後，就把眼光瞄準了中國。

而在中國這裡，經過了兩次鴉片戰爭，中國社會半殖民地化的程度愈來愈深，這當然引起很多有識之士的不滿。再加上曾國藩（一八一一～一八七二年）、李鴻章（一八二三～一九〇一年）、左宗棠（一八一二～一八八五年）等幾位剿滅太平天國的功臣，在對付太平天國的過程中，不止一次與西式軍旅有過協同作戰的經驗，親眼見過這些外國侵略者，船堅砲利的巨大威力，也

圓明園一隅，中央水池的兩側為第二次鴉片戰爭中被聯軍搬走的十二生肖獸首銅像。

都強烈感受到一種潛在的長遠威脅，深知中國一定要改變。

這就是清末自強運動、也稱為「洋務運動」的時代背景。

◆——近代化自強運動

清末自強運動的最高目標，就是要「自強」以及「求富」。在這裡我們要先介紹一本書，那就是由魏源（一七九四～一八五七年）所寫的《海國圖志》。

魏源是清朝的啟蒙思想家、政治家和文學家，是近代中國「睜眼看世界」的首批知識分子的代表。他在二十八歲中舉人，五十一歲中進士，第一次鴉片戰爭爆發的時候，時年四十六歲的魏源，正在兩江總府裡頭做事，立刻直接參與了抗英戰爭，還在前線親自審訊過戰俘；戰後見清政府和戰不定、投降派昏庸誤國，遂憤而辭職，立志著述。

大約過了兩年（一八四二年），魏源便寫成五十卷《海國圖志》，「海國」一詞的含義，是指「海外之國」。關於為什麼要寫《海國圖志》，魏源在自序中說得很清楚：「為以夷攻夷而作，為以夷款夷而作，為師夷長技以制夷而作。」

簡單來講就是說，現在人家都欺負到我們頭上了，我們還不趕快想辦法來了解人家嗎？老祖先不是早就告訴過我們，要「知己知彼」才能「百戰百勝」啊。

後來，一直到一八五二年為止，魏源又花了十年的功夫不斷的收集資料、補充內容，使《海國圖志》的規模最終達到了百卷本。這是中國近代史上最早一部由國人自己編寫、有關世界各國情況介紹的巨著，書中徵引了古今中外大量的著作，系統的介紹了西方各國的地理、歷史、政治狀況，以及許多先進的科學技術。這是中國首次從理論上，肯定了研究世界史地的重要性與必要性，也是中國人談世界史地的開山之作。

「師夷長技以制夷」，就是清末自強運動的精神。所謂「師夷」，是指要學習西方列強在軍事技術上優於中國的長處，主要有三個方面，就是戰艦、火器以

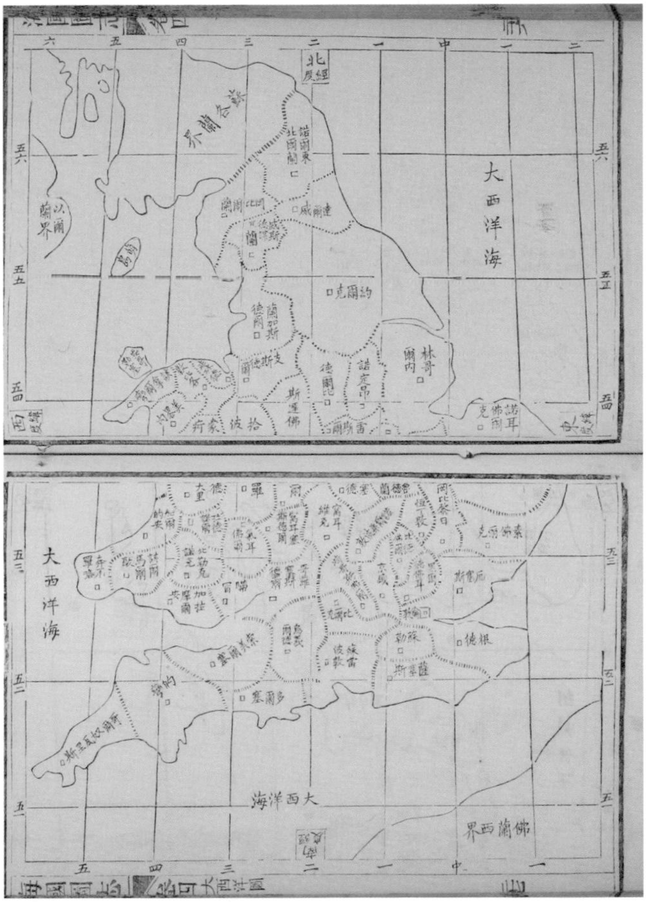

《海國圖志》是魏源的作品，其中詳列各國的地理、歷史以及科技發展。圖為書中的英國地圖。

及養兵練兵之法。所謂「制夷」，就是要抵抗列強侵略，進而克敵制勝。也就是說，「師夷」是手段，「制夷」是目的。

值得強調的是，魏源不是僅僅主張要從西方購買那些厲害的船炮，而是應該引進西方先進的工業技術，認為這樣才是治本之道。

在「師夷長技以制夷」的精神之下，清末自強運動的洋務內容很多，涉及到很多層面、很多領域，概括起來大致可分為三個方面：

● 軍事工業

引進西方先進生產技術，創辦新式軍事工業，訓練新式的海陸軍，建成北洋水師等中國近代海軍。其中規模最大的，就是在上海創辦的「江南製造總局」，這是中國近代極具代表性的軍工企業。

於上海的江南製造總局打造的軍艦。

民用工業

廣泛興辦輪船、鐵路、電報、採礦、紡織等各種新式民用工業，推動近代中國民族工業的發展，譬如在上海創辦的「輪船招商局」，這是當時最大的民用企業。

新式學校

一八六二年在北京設立的「京師同文館」，就是中國最早的官辦新式學校，選送留學生出國深造，培養翻譯人才、軍事人才和科技人才。

「中國鐵路之父」、「中國近代工程之父」詹天佑（一八六一～一九一九年）就是在這樣的時代背景之下，年僅十二歲的時候被選送美國留學，然後在十七歲考入耶魯大學土木工程系，主修鐵路工程。

組織第一批官費赴美留學幼童的容閎（一八二八～一九一二年），不僅是清末洋務運動中的重要人物，也是中國近代著名的教育家、外交家和社會活動家，更是中國留學生事業的先驅，被譽為「中國留學生之父」，他本人也是第一個畢業於美國耶魯大學的中國留學生。

清末以「富國強兵」為目標的自強運動，從一八六一年年初展開，一直到一八九四年七月爆發的「甲午戰爭」為止，分成好幾個階段來進行，一共三十幾年。這本是大清王朝的一場自救行動，結果卻因為清廷在「甲午戰爭」中的慘敗，標誌著洋務運動的徹底失敗。

究其原因，無非是由於洋務運動的內容雖多，但似乎缺乏一個完整的整體規畫，在執行的過程中又總是遭遇到不少守舊人士的反對，以及傳統封建制度中，諸如官僚政風的敗壞現象難以根除等等。但是，不管如何，經過這一波自強運動，傳統中國的架構已被突破，而且當時也在一定程度上，抵制了西方列強的經濟輸入。

因此，清末自強運動，雖然是為了要擺脫當時大清王朝的內憂外患，維護封建統治，但這一舉動還是非常符合歷史潮流的，並且還在客觀上推動了中國生產力的發展，促使中國民族資本主義的產生，更促進了中國教育和國防的近代化。

3 美國南北戰爭

發生於一八六一至一八六五年、為期四年的「南北戰爭」（也稱「美國內戰」），是美國建國八十幾年以來，第一場最大規模的內戰，也是美國至今為止唯一的一場內戰。參戰方為北方的「美利堅合眾國」和南方的「美利堅聯盟國」。

戰爭之初，北方是為了維護國家統一而戰，後來則慢慢演變為一場為了消滅奴隸制的革命戰爭。在「南北戰爭」之後，美國實現了真正意義上的統一。

分裂的南北

自一七七六年、美國宣布獨立之後，南方和北方就沿著兩條不同的道路發展，尤其是工業革命，在南北兩個地域產生了不同的影響。南方儼然成為英國工業的副手，因為南方為農植區，以種棉花為主，很快便成為英國棉紡工業主要的原料供應來源；北方則因資本主義經濟發展迅速，到了一八六〇年（也就是「南北戰爭」爆發的前一年），工業生產已經躍居世界第四位。

由於南北的特質不同、發展道路也不同，在很多重大的經濟和政治議題上，自然就存在著很大的分歧。比方說，由於北方工業發展迅速，為了抵制英國以及其他高度工業化國家的成品傾銷，所以主張保護關稅；但南方的工業並不發達，希望能有廉價的工業成品，所以就主張自由貿易。「南北戰爭」的本質之一，其實就是由於兩種經濟制度之間，不可協調的矛盾。

又如，北方比較主張加強中央權限，以確保工業發展所需要的秩序與安定，他們認為中央的威權來自於人民，聯邦權當然是高於州權。可南方認為主權繫於各州，聯邦既然是由各州所組成，聯邦政府只是各州的代理者，那麼各州當然可以自願加入聯邦，也可以自由的退出聯邦。

南北利益的衝突後來漸漸集中到黑奴的問題上。早在地理大發現之後，歐洲人就開始從非洲販奴，至十七世紀，大西洋的奴隸買賣甚至已成為一種國際事業。可是隨著文明的演進，世界潮流普遍都是傾向禁奴，譬如，英國在一八三三年廢除了奴隸制度，法國、奧國在一八四八年廢除，拉丁美洲各國在十九世紀上半葉相繼取消，俄國也在一八六一年（十九世紀中葉）廢止了農奴制。

至於美國，其實在獨立建國之初，北方各州就已經考慮要消除奴隸制度，

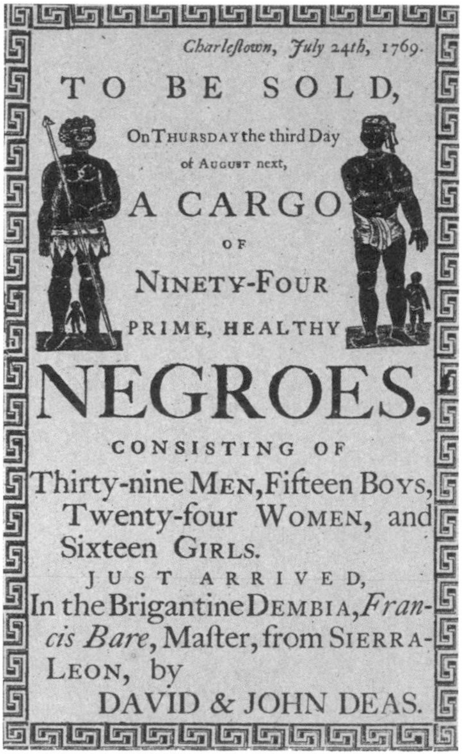
Charlestown, July 24th, 1769.
TO BE SOLD,
On THURSDAY the third Day of AUGUST next,
A CARGO OF NINETY-FOUR PRIME, HEALTHY
NEGROES,
CONSISTING OF
Thirty-nine MEN, Fifteen BOYS, Twenty-four WOMEN, and Sixteen GIRLS.
JUST ARRIVED,
In the Brigantine DEMBIA, Francis Bare, Master, from SIERRA-LEON, by
DAVID & JOHN DEAS.

圖為拍賣黑奴時的文宣。

並在進入十九世紀之後不久、一八〇八年禁止販奴，這個時候很多美國人都以為奴隸問題很快就會消失。然而，如前所述，在工業革命以後，由於紡織業需要大量的棉花，植棉業在美國發展得很快，從沿海各州迅速向內擴展，另外，製糖業的發展也需要大量的勞工，因此，在美國、尤其是在南方，奴隸問題不僅未能消除，反而變本加厲。美國成了一種「白人民主、黑人奴役的兩色混雜的政治體制」，這對於美國的獨立宣言來說，當然是一種莫大的諷刺。

但礙於現實問題，考慮到南方的經濟型態確實需要大量的勞動力，北方人士漸漸形成了一種共識，那就是除了少數廢奴派的極端分子之外，大多數的北方人願意容忍奴隸制度在南方存在，可堅決反對將這種制度擴及到南方以外的其他地方。然而，西向的開拓為南方與北方所共有，南北方對於西拓的目的又不一樣，南方是希望在西拓之後，建立以奴隸為主要勞動力的種植區；北方則是不僅希望能夠建立自由耕種的農場，工商業人士還希望能夠興建鐵路，來創造更大的市場。

在這樣的背景之下，為了政治上的方便，雙方在自由州與蓄奴州的建立方面，就一直是盡量保持平衡。

一八四六年、「南北戰爭」爆發的十五年前，美國與墨西哥因為領土糾紛爆發了戰爭。兩年後、在戰爭結束以後，墨西哥正式放棄德克薩斯的權益，承認以格蘭德河（或稱「大河」）為界，並且把新墨西哥及加利福尼亞割讓給美國。一八五〇年，就在南方的棉產量已占全世界百分之七的這一年，經過協議，確定加利福尼亞將以自由州進入聯邦，而其他自墨西哥所得領土，將劃為新墨西哥及猶他兩區，將來均以州的地位進入聯邦，但此時暫時先不決定是否禁奴。這就是所謂「一八五〇年的妥協」。

衝突終於爆發

其實從十九世紀二〇年代開始，黑奴問題已成為一個非常尖銳的政治議題，禁奴派和蓄奴派已到了勢不兩立的程度。當時，許多著名的作家都是站在廢奴這一邊，經常呼籲應該解放黑奴，其中影響力最大的是一位女作家——斯托夫人（一八一一～一八九六年）。

斯托夫人是美國著名反對蓄奴的作家。圖為 1872 年斯托夫人的雕板畫像。

一八五二年，斯托夫人的《湯姆叔叔的小屋》（也有的譯本叫做《黑奴籲天錄》）出版，書中充滿了悲天憫人的情懷，揭露了奴隸制度的慘無人道，在一年之內銷出三十萬冊，引起了極大的迴響。一般認為，這本書對於引爆「南北戰爭」有一定的意義，就連林肯總統（一八〇九～一八六五年）日後在接見斯托夫人時，也形容她是一位「寫了一本書，然後釀成一場大戰的小婦人」。

一八六〇年的總統選舉，共和黨推出時年五十一歲的林肯為候選人，以「限制奴隸制度擴張、保護關稅和西部自由開發」為主要政見。

選舉結果，林肯獲勝。

儘管林肯並不是那種激烈的禁奴派，他只不過是在共和黨的一次演說中，說過「我相信政府不能容忍一半奴役和一半自由的狀況」，可南方各州還是將林肯的當選，視為是一種對他們的挑戰。在翌年三月初林肯就職之前，南卡羅來納、密西西比、佛羅里達、阿拉巴馬等州，已經相繼宣稱退出聯邦，甚至還趕在林肯就職的一個月前組成了「美利堅聯盟國」，並成立臨時政府，選出總統和副總統。這個聯盟國的憲法與聯邦憲法類似，只是比較強調州權。

林肯在就職演說中仍然苦口婆心的呼籲統一，然而，南方各州很快就奪取了聯邦政府在南方的資金財產和彈藥，並且在林肯就職一個多月以後，就開始發動攻擊，他們攻擊的目標是位於南卡羅來納州的查理頓港、有聯邦軍隊防守的桑特堡。到這個時候，林肯決定要用武力來維護聯邦的統一，「南北戰爭」就此爆發。

在戰爭初期，北方的實力是大大超過南方的。北方有二十三個州，一共兩千兩百三十四萬人口，南方只有七個州，一共九百一十萬人口。再加上北方有發達的工業，擁有兩萬兩千英里的鐵路網，南方的鐵路只有九千英里。在年產值方面，北方也是遙遙領先，達十五億美元，南方只有一千五百多萬美元。

但是，若以軍事準備來說，卻是南方較為充足。主要是從「美墨戰爭」中，南方的軍隊累積了寶貴的經驗，整體軍隊的素質比較高，更何況南方還得到了英、法等國的援助。

南方本想以速戰速決的方式打敗北方，結果這場戰爭一打就打了四年，至一八六五年四月九日，以南方的李將軍（一八〇七～一八七〇年）向北方的格蘭特將軍（一八二二～一八八五年）投降，做為結束。

從一八六二年以後，北方作戰的目的，就已經不止是為了要恢復統一，也為了要解救黑奴，這年國會已經通過在首都禁奴。一八六三年一月一日，林肯發表了一篇著名的宣言，宣布在所有叛逆地區的奴隸都獲得自由，稱為《解放奴隸宣言》。

而南方，則是為了邦聯的獨立而戰。

在整個「南北戰爭」期間，歐洲各國雖然並沒有承認「美利堅聯盟國」，但大多都對其表示了同情，尤其是英國和法國，這其中自然不免有些是出於私利的考慮，他們希望美國成為歐洲工業的輔助者，而不是競爭者。

無論如何，聯邦政府最終還是取得了勝利。事實上，在南方投降的前兩個月，國會已經決議提出憲法第十三條修正條款，禁絕美國境內的奴隸制度（同年十二月，得到三分之二州數的批准而生效）。

同年六月，又通過另外一條憲法修正條款，一方面確立了黑人的公民權，另一方面也確立了一個原則，那就是凡是美國人，都不僅為各州公民，同時也是聯邦公民。也就是說，確立了美國是一個不可分割的民族國家，今後各邦都不得退出聯邦。

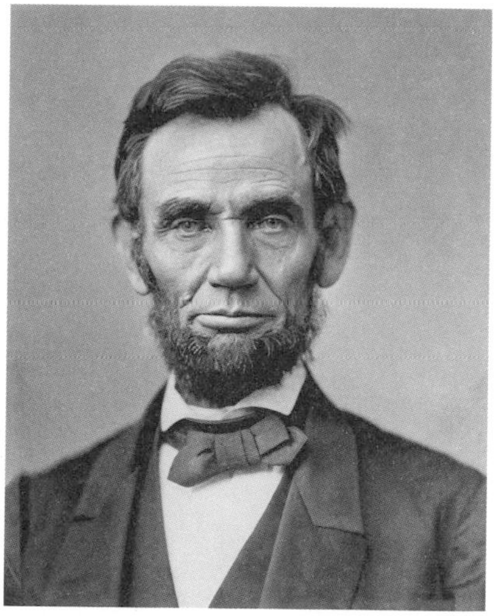

林肯是美國歷史上重要的總統之一。圖為 1863 年的林肯。

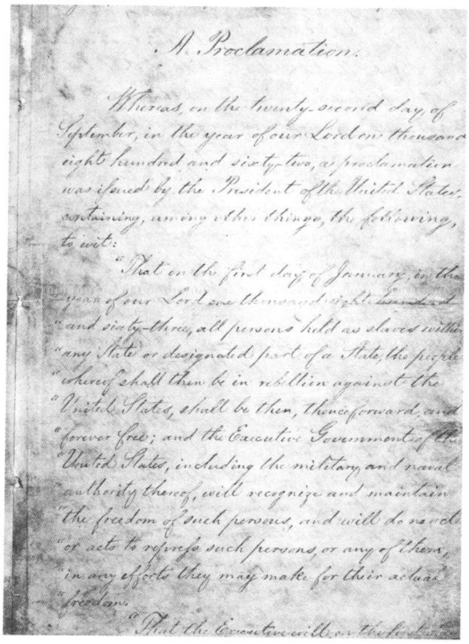

A Proclamation.

Whereas, on the twenty-second day of September, in the year of our Lord one thousand eight hundred and sixty-two, a proclamation was issued by the President of the United States, containing, among other things, the following, to wit:

"That on the first day of January, in the year of our Lord one thousand eight hundred and sixty-three, all persons held as slaves within any State or designated part of a State, the people whereof shall then be in rebellion against the United States, shall be then, thenceforward, and forever free; and the Executive Government of the United States, including the military and naval authority thereof, will recognize and maintain the freedom of such persons, and will do no act or acts to repress such persons, or any of them, in any efforts they may make for their actual freedom.

"That the Executive will, on the first

《解放奴隸宣言》是林肯總統於 1863 年公布的宣言。圖為原始檔案，共五頁。

長久以來，只要是關於影響美國歷史的重要人物、或是美國最偉大的總統之類的評選，林肯總統都是名列前茅。遺憾的是，就在南方投降的幾天後、一八六五年四月十四日，他在戲院觀賞演出的時候遭到槍擊，翌日與世長辭，享年五十六歲。

他是第一位遭到刺殺的美國總統。

4 美國拓荒與向外擴張

十九世紀中葉，當歐洲正擾攘不安的時候，美國則是在「門羅主義」、「不干涉歐洲事務」的原則下，忙於對墨西哥的戰爭（一八四六～一八四八年），然後陸續占領了加利福尼亞等地。

◆── 開拓西部

美國的西部，一直被認為比東部要更富美國風味，主要是因為西部更新鮮、更自然，也更遠離歐洲，因此「開拓西部」一直被美國各界大力提倡，甚至被視為是實現人生價值的大好機會。一八五一年，一位著名記者格萊理（一八一一～

一八七二年）說了一段話可做為代表，他說：「青年人，向西走，來與國家一同成長。」

在一八五〇年左右，經由戰爭或是購買，美國的疆域明顯擴大了許多，在東岸已經從位於東北角的緬因，拓展至東南的佛羅里達，西邊則從俄勒岡拓展至新墨西哥（新墨西哥目前位於美國的西南部）。

我們要特別介紹一下俄勒岡州。俄勒岡位於美國的太平洋沿岸，南面是加利福尼亞州，北面是華盛頓州，這裡原先是印第安原住民的聚居地，從一八三〇年以後，成千上萬的美國人紛紛從中西部遷移到西北部的太平洋沿岸，在他們走過的俄勒岡小道上，篷車壓出的痕跡清晰可見，在當時，「篷車西征俄勒岡」可說是一種風潮。

後來，在一八四八年，美國在此建立「俄勒岡地區」，一八五九年加入聯邦。

一位美國近代史學家特拿（一八六一～一九三二年）曾經寫過一本書，叫做《邊疆論》，認為美國之所以具有獨特的民族風格，並不是原來歐洲的文物制度在新大陸發展而成，而是由這些新移民到了北美之後，與新環境交互影響而成，譬如在荒野中建立各個小型社區，就是一種富有民主精神、不屈服於威權的表現。總之，「向西開拓」是美國文化中一個相當重要的元素。

自美國獨立以後，聯邦政府對於西部土地是實行國有化，並且決定將按地段出售，來增加政府的收入，再以此收入償還國債，以及滿足那些土地投機者的要求。

可是由於出售土地的單位面積比較大、價格高，一般西部移民根本無力購買，因而展開長期爭取無償分配土地的各種抗爭。對於這樣的要求，聯邦政府不是不願意積極回應，但是由於南部奴隸主的阻撓，直到內戰爆發之前，所有關於無償授予移民土地的法案，都被參議院給否決了。

後來，在南部奴隸主的政治代表都一一退出國會以後，林肯政府才總算有機會實現共和黨所提出的「西部自由開發」政策。

就在「南北戰爭」爆發的第二年（一八六二年），林肯總統簽署了一項重要的法令，這是一份關於西部土地分配的法令，稱做《宅地法》（也譯做《份地法》或《移居法》）。

這項法令規定，每一個美國公民只要繳納十美元的登記費，就能在西部得到一塊一百六十英畝的土地，接下來只要能夠連續耕種五年，就可以成為這塊土地合法的主人。

《宅地法》在一定程度上，滿足了西部墾殖農民對於土地的需求，確立了小農土地的所有制，不僅積極促進了西部的開發，也進而為美國農業資本主義的發展創造了很好的條件。而在當時，《宅地法》的頒布，也鼓舞了所有西部農民一起反對南部的奴隸主，有效遏制了奴隸制種植園的向西擴展，甚至還大大激發了農民奮勇參戰的積極性。

「南北戰爭」前後一共有三百五十萬人參戰，絕大多數都是志願兵。自《宅地法》頒布開始，西部農民為聯邦軍隊輸送了半數以上的士兵，並且提供了充足的糧食，再加上從一八六二至一八六三年，林肯政府實行「武裝黑人」的政策，吸引了大量的黑人報名參加北方的軍隊，其中主要都是從南方逃亡的奴隸，這些都對北方後來取得戰爭的勝利，有著很大的影響。

等到「南北戰爭」結束，向西開拓當然仍在繼續。《宅地法》從一八六二年頒布以來，至一九〇〇年，不到四十年，估計至少已有六十萬個家庭從中受惠，還有數以千計的美籍非裔人口從南方遷到中部的**堪薩斯州**，他們被稱為「逃離的人們」。

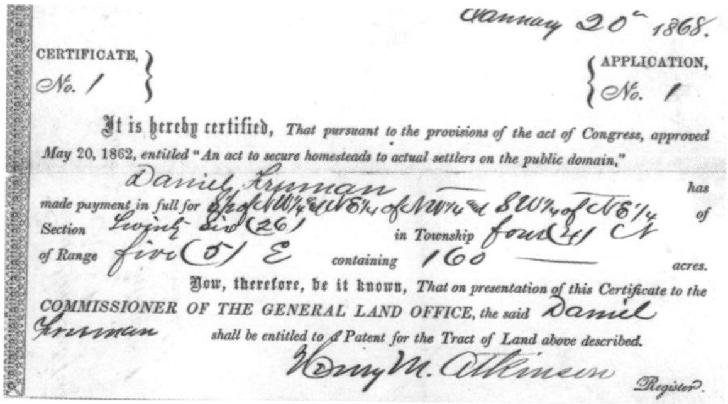
January 20th 1868.
CERTIFICATE, No. 1
APPLICATION, No. 1
It is hereby certified, That pursuant to the provisions of the act of Congress, approved May 20, 1862, entitled "An act to secure homesteads to actual settlers on the public domain,"
Daniel Freeman has made payment in full for [illegible] of Section Twenty Six (26) in Township four (4) N of Range five (5) E containing 160 acres.
Now, therefore, be it known, That on presentation of this Certificate to the COMMISSIONER OF THE GENERAL LAND OFFICE, the said Daniel Freeman shall be entitled to a Patent for the Tract of Land above described.
Henry M. Atkinson Register.

一份根據《宅地法》核發於 1868 年的土地獲得證明文件。

堪薩斯州——堪薩斯州位於美國本土的正中心，是美國第一個承認憲法所賦予美國非裔人民選舉權的州。

向外擴張

美國因為位於地大物博的北美大陸，「西向開拓」屬於長期內部的擴張，此舉使得美國的人力和物力，都得到了很好的出路。但是在一八九〇年左右（也就是大約在「南北戰爭」結束的二十五年之後），內部擴張已達飽和，這麼一來，接下去就勢必只能向海外發展。

此外，在「南北戰爭」之後，美國的經濟成長十分迅猛，在十九世紀末，長達二十萬哩的大陸鐵路系統，更是成功的把東西兩岸、乃至各地都串聯起來，大家可以互通有無。比以往更加便捷的累積國內資源，便於從事進一步的經濟擴張。

隨著經濟不斷的發展，美國想要將自己擴建為一個連接兩洋國家的企圖心也愈來愈強（所謂「兩洋」，是指從東岸的大西洋至西岸的太平洋）。

一八九八年，「美西戰爭」就是在這樣的背景之下爆發。

這場戰爭的本質，其實就是美國為了奪取西班牙在美洲和亞洲的殖民地，包括古巴、波多黎各和菲律賓等等，而發動的戰爭，可以說是列強重新瓜分殖民地的第一次帝國主義戰爭。

菲律賓——菲律賓在「美西戰爭」後成為美國的屬地，一九四二至一九四五年，二戰期間被日本占領，二戰後曾再度短暫淪為美國的殖民地，直到一九四六年七月四日，獲得獨立。

此時，立國已超過一百二十年的美國，擁有雄厚的經濟和軍事潛力，並且也已建立起一支較為強大的海軍。戰爭結果，美國獲勝，獲得了關島和波多黎各，然後西班牙又把**菲律賓**賣給了美國，古巴則從此獨立。

「美西戰爭」對於美國未來的發展意義重大，這不但標誌了美國從大陸擴張發展為海上擴張，也標誌著美國的外交政策已經從孤立主義，轉向對外擴張主義，可以說是為美國大規模海上擴張拉開了序幕。

由於在「美西戰爭」中取得了勝利，美國加強了與拉丁美洲和遠東地區的聯繫，開始成為太平洋和加勒比海地區的世界強國。

關於美國在加勒比海地區舉足輕重的地位，我們可能需要稍微再解釋一下。

LA FATLERA DEL ONCLE SAM (per M. MOLINÉ).
ESTATS UNITS
CUBA
Guardarse l' isla perque no 's perdi.

西班牙的諷刺漫畫《山姆大叔的渴望》，嘲諷美國發動美西戰爭，對古巴心懷不軌。

美國向外擴張的做法，在**狄奧多・羅斯福**（一八五八～一九一九年）擔任總統之後，更為強化，因為「力主擴張」本來就是狄奧多・羅斯福的對外政策。他主要是採取「金元外交政策」，是一種政治與經濟兩相結合與運用的政策，主要著重在保護美國投資者的利益，或者用投資做為干預他國的藉口。美國把這個政策在加勒比海地區實行得尤為明顯，比方說，關於**巴拿馬運河**的開鑿與控制。

對此時的美國來說，當年的「門羅主義」是比較消極的，是警告歐洲國家不要插手美洲事務，如今卻有了積極的意義。也就是說，美國表明了自己可以監督美洲事務的立場，同時還將整個西半球都視為自己的勢力範圍。

從此，美國就不斷用經濟、政治和軍事的壓力，來加強對於拉丁美洲的控制，在其他地

狄奧多・羅斯福——狄奧多・羅斯福成為美國總統時才四十二歲，是美國歷史上最年輕的在任總統，也是美國歷史上最偉大的總統之一。

由於他的遠房侄子富蘭克林・羅斯福，後來也成了美國總統，因此在中文的語境裡，經常把狄奧多・羅斯福稱做「老羅斯福」，而把富蘭克林・羅斯福稱做「小羅斯福」。

狄奧多・羅斯福的小名叫做「泰迪（Teddy）」。一九〇二年秋天，他在密西西比河一帶狩獵黑熊，毫無所獲，有人便將捕獲的一頭小黑熊綁在樹上，想要讓總統射殺，但是總統拒絕了。不久有一位插畫家把這個事，畫成一幅諷刺漫畫刊登在《華盛頓郵報》上，接著，有人看到漫畫中那隻惹人憐愛的小熊，興起想要縫製熊玩偶的念頭，後來還更進一步創立了玩具公司，專門做這種被命名為「泰迪熊」的玩具。其實早在那之前，就已經出現了毛絨玩具熊，因此嚴格來說，只有在狄奧多・羅斯福擔任總統期間（他至一九〇八年卸任）所製造的，才能被稱為「泰迪熊」。這麼算起來，至今仍然深獲全球小朋友喜愛的泰迪熊，都已經超過一百一十歲了。

區，美國也開始漸漸擔任起較為積極的角色。

5 日本明治維新

明治維新，是指日本在十九世紀六〇至九〇年代的一場改革運動。

改革始於一八六八年，明治天皇（一八五二～一九一二年）建立了新的政府，接下來新政府進行了一系列近代化的政治改革，然後建立了君主立憲的政體。

按照傳統，日本歷代**天皇**都會擁有較深的文化素養，明治天皇也不例外，他自幼就受到很好的教育，精通漢文、日文等經典，其中還包括儒學經典。他在登基的時候年僅十五歲，後來在位四十五年期間

1873 年，身穿大元帥服裝的明治天皇。

巴拿馬運河——巴拿馬運河位於中美洲國家巴拿馬，橫穿巴拿馬地峽，連接太平洋和大西洋，是一條重要的航運要道，被譽為「世界七大工程奇蹟」之一，由美國建造完成，一九一四年開始通航，現在由巴拿馬共和國擁有和管理。

天皇——「天皇」是日本君主的稱號，相傳為日本神話中創世之神「天照大神」的後裔，是日本國家的象徵。「天皇」這個名稱在日本最早的文字記載，是在七世紀末，而中國開始稱日本的元首為「天皇」，是在清末同治年間。

日本的「天皇制」是世界上歷史最久的君主制度，等於說日本從古代開始至今，不曾改朝換代過。

（享年則是六十歲），是近代日本改革最為顯著的一個時期。在此時期，日本實現了社會、經濟、軍事等多方面的改革和發展，建立起亞洲第一個資本主義國家，同時也完成了向帝國主義的轉變，走上了軍國主義、想要稱霸世界的道路。

◆──鎖國政策的始末

我們先來看看關於明治維新的背景。

在十九世紀中期，日本處於最後一個幕府──「德川幕府」時代。

我們在卷六《文藝復興時代》中曾經提到過，德川家康（一五四三～一六一六年）在十七世紀初，建立了一套封建制度，叫做「幕藩體制」，由幕府和藩國共同來統治國家。在這樣的體制之下，將軍是日本最高的統治者，幕府則是全國最高的政權機關。

「德川幕府」，又稱「江戶幕府」，因為這是德川家康在江戶所建的幕府，「江戶」就是今天的東京。「德川幕府」統治日本的時間相當久，長達兩百六十四年。

在地理大發現以後，從十六世紀中葉開始，葡萄牙、西班牙、荷蘭等西歐列強，就先後有人來到日本傳教和做生意。後來，為了鞏固「幕藩體制」、防止商人富豪與幕府產生對立，從第二代的將軍德川秀忠（一五七九～一六三二年）開始，幕府的對外政策開始轉向鎖國，特別是禁止天主教的傳播（後來為了阻止外國傳教，還決意與西班牙及葡萄牙斷交）。

進入十七世紀不久、一六一六年，幕府規定，凡是歐洲船隻只能在平戶和長崎這兩個港口停泊和做生意；八年之後，直接拒絕與西班牙通商。到了三〇年代以後，幕府加快了鎖國的步伐，從一六三三至一六三九年，短短六年之內竟然發布了五次《鎖國令》，原則上禁止對外交通和貿易，只允許極少數的例外，譬如可以與荷蘭人在長崎進行貿易（明朝和清朝時期，中國人也在長崎與日本人有過貿易往來）。

然而，即使如此鎖國，隨著時代前進的步伐，在一些經濟比較發達的地區，仍然開始慢慢出現了家庭手工業或是手工作坊，工作坊內出現了「僱傭工人制」，資本主義還是自然而然的萌芽了。這直接對封建的自然經濟產生了衝擊，可以說直接動搖了幕府的統治基礎。

接下來，在商品經濟的快速發展之下，商人階層的力量愈來愈強，與此同時，

江戶時代後期的畫家川原慶賀所繪製的《長崎港圖》，左側的扇形人工島為「出島」，是鎖國時期外國人唯一可活動的區域。

他們也愈來愈感受到一種無形中，在嚴重遏制他們發展的束縛，於是，要求改革政治體制的呼聲便愈來愈高。

這樣又過了好些時日，具有資產階級色彩的「大名」（藩地諸侯）、武士以及商人們，便組成一個政治性的聯盟，與那些反對幕府的基層農民，共同形成「倒幕派」的實力基礎。

到了一八五三年，發生了一件大事。美國海軍把艦隊開進了江戶灣（今天的東京灣）的門戶浦賀，美國將官把總統米勒德．菲爾莫爾（一八〇〇～一八七四年）寫給日本天皇的信，交給德川幕府（此時是時年二十二歲的孝明天皇在位），要求與日本建立外交關係，並且進行貿易。日本歷史上把這個事稱為「黑船事件」，亦稱「黑船開國」。

菲爾莫爾總統是美國第十三任總統，任內最重要的事，就是派遣美國的東印度艦隊前往日本。

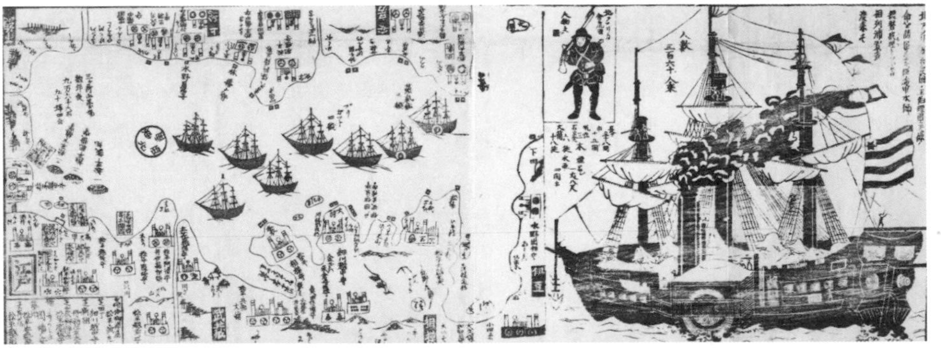

日本當時對於「黑船事件」的紀錄，包括黑船的外觀與艦隊航進江戶灣的示意圖。

「黑船事件」翌年，日本就與美國簽定了《日美親善條約》（又名《神奈川條約》），同意除了長崎以外，也向美國開放下田和箱館兩個港口，並給予美國最惠國待遇等等。由於這些不平等條約，使得德川幕府再度成為日本社會輿論一致討伐的目標。

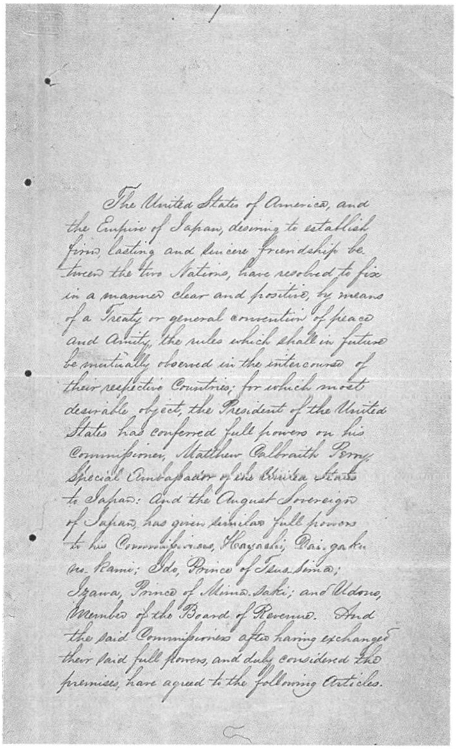

1
The United States of America, and the Empire of Japan, desiring to establish firm, lasting and sincere friendship between the two Nations, have resolved to fix in a manner clear and positive, by means of a Treaty or general convention of peace and Amity, the rules which shall in future be mutually observed in the intercourse of their respective Countries; for which most desirable object, the President of the United States has conferred full powers on his Commissioner, Matthew Calbraith Perry, Special Ambassador of the United States to Japan: And the August Sovereign of Japan, has given similar full powers to his Commissioners, Hayashi, Dai-gaku-no-Kami; Ido, Prince of Tsus-Sima; Izawa, Prince of Mima-saki; and Udono, Member of the Board of Revenue. And the said Commissioners after having exchanged their said full powers, and duly considered the premises, have agreed to the following Articles.

1854 年，美國與日本簽定的《日美親善條約》英文版內容。

一八六七年，年僅三十六歲的孝明天皇（一八三一～一八六七年）過世，太子睦仁親王即位，是為明治天皇；另一方面，倒幕勢力也立即積極結盟舉兵。

隔年（一八六八年），德川幕府徹底垮臺，從此日本基本上就結束了將軍及幕府統治的時代，為後來日本走上資本主義的道路提供了政治前提。同年，明治維新開始，這是一場由上而下、具有資本主義性質、全盤西化與現代化的改革運動。

明治維新運動展開

明治維新的內容很多，涵蓋了方方面面，小至要培養守時的觀念，大至參考西方制度改革軍隊的編制（陸軍參考德國、海軍參考英國），核心精神就是要每一個國民都來學習怎麼做一個西方人。

如前所述，明治維新是一場由上而下的改革運動，所以，首先要結束日本長期以來封建割據的局面，建立起中央集權式的政治體制，天皇從此將一切的權力集於一身，於是，便強制實行了「奉還版籍」、「廢藩置縣」等政策。「奉還版籍」的意思，是要各個「大名」向天皇交還各自的領土（也就是版圖），以及轄內的臣民（也就是戶籍）；「廢藩置縣」則是指廢除全國各藩，統一為府縣，藉此將日本全國劃分為三府七十二縣。

為減輕因「奉還版籍」而造成的財政負擔，政府通過公債補償，以比較和緩的形式，逐步收回華族和士族的封建俸祿。

社會體制也隨之做出調整，例如頒布《戶籍法》，逐步建立了戶籍制度；頒布《廢刀令》，今後武士的俸祿改由國家來提供；也廢除了傳統時代「士、農、工、商」的身分制度，將皇室人員改稱為「皇族」，過去公卿諸侯等貴族改稱為「華族」，幕府的幕僚以及「大名」的門客改為「士族」，其他所有從事農工商職業和賤民則一律稱為「平民」。值得注意的是，各等級之間雖仍然存在著等級之分，但可以相互往來。

以上這些改革，都為日本發展資本主義經濟奠定了良好的基礎。此外，明治維新還有很多重要的舉措，包括遍設小學（全日本共設立了五萬三千多所小學），對百姓從小灌輸忠君愛國、甚至軍國主義的思想；一八七二年頒布《徵兵令》，凡是年滿二十歲以上的成年男子一律必須服兵役。在《徵兵令》頒布之後的第二年，日本作戰部隊的動員就已達到了四十萬人（起初一般服役三年，預備役兩年，後來一般役及預備役分別增加至三年及九年，總計就是十二年）；統一貨幣，於一八八二年設立日本銀行（國家的中央銀行）；廢除原有的土地政策，允許土地買賣，實施新的地稅政策；仿效西方制度改善司法制度等等。

當然，還有讓國民全面學習西方文化，鼓勵知識界翻譯西方著作，並積極引進西方近代工業技術，以及改善各地交通，興建新式鐵路和公路等等。一八七二年，日本第一條鐵路從東京（新橋）至橫濱（櫻木町）之間通車；再過近半個世紀、至一九一四年，日本全國鐵路總里程已經超過七千公里，發展相當快速。

明治維新之後，日本經過二十多年的發展，可以說真的是脫胎換骨，國力也日漸增強，先後廢除了之前幕府時代，與西方各國所簽定的一系列不平等條約，重新奪回了國家的主權，並且最終進入了近代化。

毫不誇張的說，明治維新是日本歷史上一個極其重要的轉折點，日本從此迅速成長，之後不僅成為亞洲強國，而且更是世界級的強國。

但是，也有不少學者指出，由於在明治維新之後，仍然還是有大量的封建殘餘思想被保留了下來。因此，日後當日本的綜合國力迅速提高，並且躋身帝國主義列強的行列之後，也就不免走上了對外侵略擴張的軍國主義。

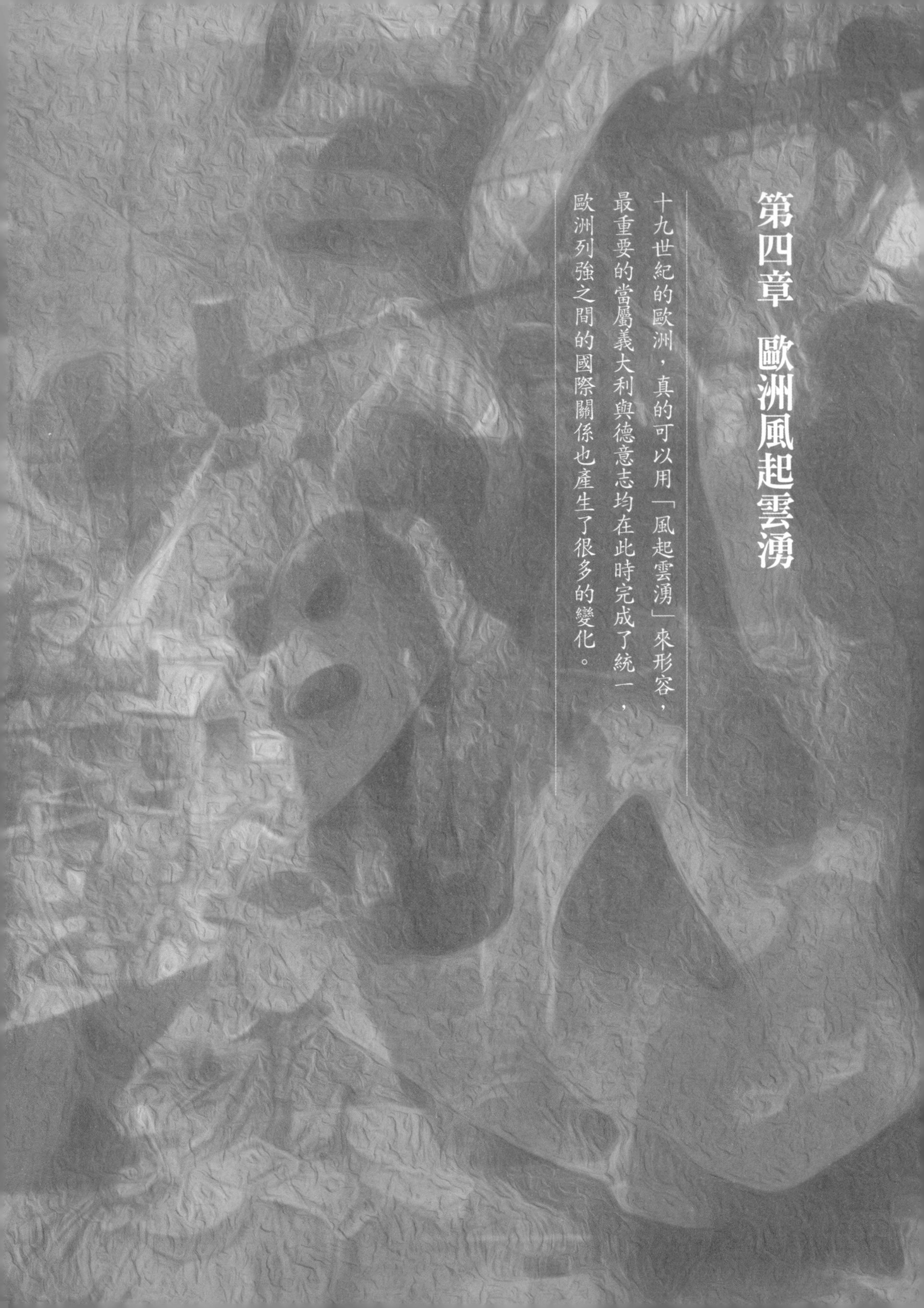

第四章　歐洲風起雲湧

十九世紀的歐洲，真的可以用「風起雲湧」來形容，最重要的當屬義大利與德意志均在此時完成了統一，歐洲列強之間的國際關係也產生了很多的變化。

1 民族主義的勝利

塑造近代史的另一股巨大的力量，就是民族主義。

民族國家這種政治組織，最先是成功發展於歐洲，然後遍及全世界，在世界大同尚未來臨之前，這也是一種最有力量的組織。

民族國家在歐洲的發展，大致有三個不同的階段。第一階段是大西洋沿岸，從西班牙至斯堪地那維亞半島的諸多國家，是在中世紀晚期形成。第二階段是在中歐，也就是義大利與德意志諸國，是在近代民族主義的鼓舞之下，克服了種種障礙才由許多同民族的小國（邦）統一而成。第三階段是在東歐，在這個地區有一些多民族的帝國，主要是奧、土、俄，當帝國崩潰的時候，各個民族才有獨立建國的機會。

十九世紀的歐洲，最豐富多采、但過程之艱辛，又堪稱「是以鐵與血鑄造而成」的民族運動，當屬義大利與德意志的統一建國。巧合的是，他們所要應付的對象是相同的，都是奧國、法蘭西第二帝國與羅馬教會。

義大利的統一建國

關於義大利的統一建國，最重要的靈魂人物有三位，分別是加富爾（一八一〇～一八六一年）、加里波底（一八〇七～一八八二年）和馬志尼（一八〇五～一八七二年），他們年紀相仿，各有貢獻，被後人稱為「義大利建國三傑」。我們在前面第二章已經認識了馬志尼，就是成立「少年義大利」的組織、喚起人民民族意識的那一位，現在我們來認識另外兩位。

加富爾出身貴族，是一位很有見識也很有魄力的人。他早年曾經到英、法等國家遊學，結識了不少政治家，也吸收了自由主義的思想。回國之後，他從二十五歲開始引進西方技術，並以資本主義的方式來經營農業，以及興辦各種實業。致富以後，他從三十七歲開始創辦《復興報》，宣揚君主立憲的思想。

Anno I. Torino, 21 Dicembre 1847. N°

IL RISORGIMENTO

GIORNALE QUOTIDIANO

POLITICO, ECONOMICO, SCIENTIFICO E LETTERARIO

Martedì

PROPOSTA DI SUPPLICA AL RE DELLE DUE SICILIE DAGLI ITALIANI DELL'ORDINE

MORTE DI MARIA LUIGIA

加富爾於 1847 年創辦了《復興報》。

「義大利建國三傑」之一的加富爾，後來他成為義大利王國第一位首相，卻於同年死於瘧疾。

他主張改變封建專制制度，但反對採取革命或是其他激進的做法，認為應該靠著薩丁尼亞王國的外交與軍事行動，逐步統一義大利。因為一八四八至一八四九年間革命運動的失敗（一八四八年被視為是義大利獨立戰爭的開始），不僅說明了馬志尼共和派的做法頗為曲高和寡，有些不切實際（當然在那個特殊的年代仍然有其價值），也說明了教皇不適合做為統一運動的領袖。同時，加富爾認為更重要的是，一八四八年的戰爭，也充分說明了他們自己在軍事方面的力量不夠，必須依靠外力方能驅逐奧國在義大利半島的勢力，因此外交工作就極為重要。

加富爾在三十八歲時當選為眾議院成員，開始進入政壇，兩年後被任命為農業、商業和運輸大臣，而在四十二歲那年先是被任命為財政大臣，同年十一月出任薩丁尼亞王國的首相。

我們在前面已經提到過，在一八一五年「維也納會議」之後，義大利就被拆成八個封建邦國和地區，除了薩丁尼亞王國之外，均直接或間接的接受奧地利的統治，所以，義大利的統一大業，勢必得在薩丁尼亞的領導之下進行。加富爾就有這樣的抱負。

加富爾非常欣賞英國式的政治制度，他的理想便是在薩丁尼亞建立一個健全、廉能且進步的政府，來與奧國專制高壓的統治形成一個強烈的對比，進而吸引整個義大利半島的矚目，完成統一大業。

除了推行各種富國強兵的政策，加富爾做了一件非常重要的事，就是在一八五五年「克里米亞戰爭」已近尾聲的時候進入戰場，與英、法等國家並肩對俄國作戰，之後才能在翌年以勝利國代表的身分出席巴黎和會。後來雖然因為奧國從中作梗，以至薩丁尼亞沒能拿到什麼具體的補償，卻至少將義大利問題成功的帶入國際，並獲得英、法等國的同情。

不過由於英國不願提供軍事上的支持，加富爾遂轉而竭力去爭取法國的支持，費了好一番功夫，在三年之後（一八五九年），拿破崙三世終於率軍二十萬進入義大利，沒多久法、薩聯軍便大敗奧軍。但沒想到就在情勢一片大好的時候，拿破崙三世卻突然改變主意，與奧皇安排停戰，而且事先竟然沒有通知薩丁尼亞。加富爾深感悲憤，遂以辭職做為抗議。

隔年年初，加富爾復職，繼續奮鬥。此時，薩丁尼亞仍然只是一個位於北義大利的王國，在義大利半島上，中部的教廷國和南部的那不勒斯國依然存在，義大利的統一之路還是荊棘密布。

後來，統一大業之所以能夠有進一步的發展，關鍵在於加里波底征服了那不勒斯王國，並且促使那不勒斯王國與薩丁尼亞王國合併。

加里波底是一個富於傳奇色彩的人物。他很純樸，即使在攻占了那不勒斯國王的王宮以後，還是照樣睡在草堆裡。他沒受過多少教育，父親是船長，雖然家境一般，但他勤奮好學，尤其酷愛讀羅馬史。

一八六〇年五月初，加里波底率領一千一百多名「紅衫軍」，在加富爾的暗中支持之下，從熱那亞航向西西里，這就是著名的「千人遠征」。

加里波底在五月中登陸，很多人都紛紛響應，他在占領西西里後，再渡過海峽撲向那不勒斯，九月初，加里波底攻下了那不勒斯。

加里波底的心胸相當寬大，在拿下那不勒斯之後，他不願見義大利分裂，因此願意將征服那不勒斯的成果，獻給薩丁尼亞的國王。

一個月之後，那不勒斯與西西里經過公民投票，人民幾乎都一致主張要與薩丁尼亞合併。

次年（一八六一年）三月中，義大利王國正式成立，至此除了威尼斯仍由奧國統治、羅馬也仍然依附法國的教皇統治之外，義大利基本上已經實現了統一。三個月後，加富爾病逝，享年五十一歲。

不過，義大利要真正完成統一，還得再多等九年，至一八七〇年「普法戰爭」爆發後才得以實現，「義大利建國三傑」中，馬志尼和加里波底都看到了這一天。

從一八四八年打響獨立戰爭之後，歷經二十二年的努力，義大利終於完成了統一，很多愛國分子自然都是激動莫名。作家亞米契斯（一八四六～一九〇八年）有感而發，為孩子們寫了一本書，叫做《心》，一方面描寫統一之後的義大利，另一方面也希望激勵孩子們的愛國心。這本書在一八八六年出版，是義大利兒童文學史上非常重要的一本書。

三十幾年以後，中國作家夏丏尊（一八八六～一九四六年）根據英、日譯本，將這本書翻譯成中文引進中國，並將書名定為《愛的教育》。

1886 年的原版《心》封面（左）與中譯本《愛的教育》（右）。

德意志的統一建國

德意志統一的過程和義大利一樣，也經過三個階段的戰爭，只是在時間上要短得多，從一八六四至一八七一年、前後七年，在德意志叫做「王朝戰爭」，均是由普魯士的首相俾斯麥（一八一五～一八九八年）所發動，因此，俾斯麥素有「德國的建築師」、「德國的領航員」等稱號。

不過，世人可能對他另外一個稱號更為熟悉，那就是「鐵血宰相」。

一八六二年九月底，出任普魯士首相兼外交大臣還不滿一年、時年四十七歲的俾斯麥，在議會發表了一篇頗富煽動性的講話，宣稱：「當代重大的問題，不是用說空話或多數派決議所能解決的，而必須用鐵和血來解決。」他要求普魯士內部停止對抗，團結力量一致對外。

所謂「鐵」是指武器，「血」是指戰爭，俾斯麥深信想要統一德意志就必須依靠「鐵和血」，也就是必須

俾斯麥以鐵血政策力求德國統一，擔任帝國宰相時，積極維持歐洲各國間的平衡。圖為年逾古稀的俾斯麥，繪製於1890年。

憑藉著戰爭暴力，因此他根本不聽議會那一套，覺得議會只是在空談，也不理會多數派，總是獨斷獨行，擅自支付經費來進行大規模的軍事改革。一八六四年，他就發動了第一階段的「王朝戰爭」，亦即「普丹戰爭」，打敗了丹麥。

兩年後，俾斯麥又發動了「普奧戰爭」，戰勝了奧國。戰後，奧國退出德意志聯邦，普魯士成立了以自己為首的「北德意志聯邦」（也稱做「北日耳曼聯邦」），這個聯邦已具有統一國家的性質，有統一的議會，由普魯士牢牢控制著聯邦的軍政和外交大權。

此時普魯士已占有全德五分之二的領土，以及三分之二的人口，德國統一大業可以說已經完成了一大半，剩下的還有萊茵河以南、緊鄰法國的四個小邦國（譬如巴伐利亞等等），這四個小邦國極力抗拒統一，希望能夠保持獨立，便拼命靠攏法國，想要抵制普魯士。

法國站在自己的立場，不願見到一個統一且強大的德國，所以也不斷想要阻撓普魯士統一的步伐。然而，拿破崙三世這個時候一方面由於連年征戰，弄得有些疲憊（譬如與英國一起侵略中國的「第二次鴉片戰爭」、與英國和西班牙入侵墨西哥等等），再加上他畢竟上了一點年紀（即將六十），身體狀況也不是太好，無論就判斷力或是決策力，都遠不如勇猛、果斷的俾斯麥。

總之，從一八六六年以後，大約有四年的時間，普魯士的主要對手是法國，為了德意志的統一問題，俾斯麥直接對上拿破崙三世，而拿破崙三世不止一次所表現出來的**猶豫不決**，令法國在普、法之爭中，早已露出了敗象。

一八七〇年七月下旬，「普法戰爭」爆發，法國在外交孤立且準備不足的情況之下倉促作戰，果然不是普魯士的對手，最後拿破崙三世兵敗被俘。同年九月初，巴黎發生革命，宣布共和，拿破崙三世的「法蘭西第二帝國」就這樣宣告覆滅，連皇后也逃往英國。

法國在宣布共和之後，儘管迅速組成國防政府，但普軍已兵臨城下，巴黎在經過近一百三十天的包圍後，終於力竭而陷。俾斯麥在停戰以後，同意法國舉行大選，決定戰和。

一八七一年一月中，德意志帝國在凡爾賽宮的鏡殿正式成立，由威廉一世（一七九七～一八八八年）稱為「德帝」。

不到一個月，法國國民會議推選出代表與俾斯麥談和，五月初，和約在法蘭克福簽字，是為《法蘭克福條約》。主要內容包括，法國割讓阿爾薩斯及洛林一部，並且賠款五十億法郎，在賠款未繳清之前，德國得駐軍法境。

猶豫不決——曾經有學者將此時的拿破崙三世，比喻成一頭驢子，徘徊於兩堆草料之間，不能決定究竟該吃哪一堆，最終竟活活餓死。

1871 年，威廉一世於凡爾賽宮的鏡廳登基，德意志帝國成立。圖中身著白衣的為俾斯麥。

在「普法戰爭」期間，德意志境內的輿論已經普遍要求南、北德應該合一，因此，在威廉一世正式加冕為德意志帝國第一任皇帝之前，俾斯麥在眼看德意志帝國終於即將靠著「鐵與血」塑造成功之際，一邊忙著對付法國，一邊也忙著分別與南德各邦進行交涉。至一八七〇年十一月底，巴黎包圍戰尚未結束，俾斯麥就已經與南德各邦簽好了條約。

後來德意志帝國宣布成立，這個新帝國一共包括二十五邦，其中有普魯士、巴伐利亞等四個王國，以及另外五個大公國、十三個公國和小邦，還有漢堡、不來梅及呂貝克等三個自由市。至於從法國手裡新獲得的阿爾薩斯及洛林一部，則為帝國直轄地，派任總督來治理。

這個可以說是由俾斯麥一手打造的新興帝國，接下來還是問題重重。一八八八年，威廉一世過世（他相當長壽，享年九十一歲），其子繼位時已經是病重狀態，在位不足百日就死了，緊接著，威廉一世的孫子、時年二十九歲的威廉二世（一八五九～一九四一年）繼位。

《法蘭克福條約》與當時俾斯麥簽約使用的筆。

無論是內政或是外交，威廉二世與俾斯麥在很多地方的意見都不一致，而此時七十三歲的俾斯麥年事已高，在沒有辦法繼續控制議會、同時亦不再為皇帝所寵信的雙重原因之下，他知道自己恐怕很難再有所作為，頓時不免心灰意冷。

一年多以後，一八九〇年三月中，執政長達二十六年的俾斯麥，終於向威廉二世遞出了辭呈，形同罷官。

罷官之後，俾斯麥在柏林待了九天。這九天他忙得很，他先到威廉一世的墓前獻了三朵花，想想德意志帝國可是他們在君臣合作無間的情況之下誕生的啊；接著又去拜會威廉一世的兒媳，表示慰問（可惜她的丈夫死得太早了，要不然何以至此）；在新任首相就職當天，俾斯麥還去皇宮參加了盛會，示威性十足。

「德意志帝國鐵血宰相去職！」這可真是一條轟動整個歐洲的大新聞，一家報紙還刊登了一幅諷刺漫畫，畫面上是年輕的皇帝一副無所謂的看著年邁、一臉怒容的俾斯麥下船，標題是：「解僱老水手！」一時之間，各種問候電報、信件和鮮花幾

威廉二世上臺後，俾斯麥深知彼此立場不合，便去職、遠離權力中心。圖為名為《解雇老水手》的諷刺漫畫。

乎塞滿了俾斯麥的住處，俾斯麥自嘲道：「這可真是一級國葬。」

俾斯麥下野以後，居住在漢堡附近的一座莊園，寫了一本回憶錄《思考與回憶》。八年之後，俾斯麥過世，享年八十三歲。他的墓碑上特別刻了一行字，表明自己是「威廉一世皇帝忠實的德國僕人」，表明他至死都不把威廉二世放在眼裡。

俾斯麥離世後不久，他的政敵便迅速掃清了他過去的諸多努力，改革也就此終止，德國很快的走上了軍國主義的道路，這本是俾斯麥生前一直想要極力避免的。

最終，一九一四年，第一次世界大戰爆發，主要的策畫者正是威廉二世。

奧帝國的重組

德意志和義大利的統一建國，在歐洲引起了極大的迴響；就影響力的深遠來說，許多人都認為絕不亞於法國大革命。奧帝國的重組，就是其中一個例子。

要講述奧帝國的重組，我們還得話說從頭。

還記得我們在卷六《文藝復興時代》中講述過的哈布斯堡家族嗎？這是歐洲歷史上一個德意志封建統治家族，支系繁多，主要分支在奧地利，所以又稱為「奧地利家族」。

哈布斯堡王室所統治之下的奧帝國，是一個多民族的帝國，缺乏民族及文化上的統一性。哈布斯堡王室在十三世紀下半葉登上歷史舞臺以後，一直是憑藉其自身的聲威，以及一次又一次、一樁又一樁的政治聯姻，採取專制政體統御著奧帝國境內的各個民族，調和各個民族之間的差異，並且保障秩序與安寧。儘管其實也經常碰到各式各樣的困難，但奧帝國的生命力著實驚人。

比方說，在十八世紀中葉（一七四〇年代）時，法國與普魯士曾經想要瓜分奧帝國，但是沒有成功；在一七九六至一八〇九年的十三年之間，法國人曾經四度擊潰奧國，但帝國依然無恙；一八一五年，奧國在首相梅特涅的領導之下，甚至還儼然成了歐洲的中心力量。

到了一八四八至一八四九年，在歐洲各地掀起的革命狂潮，雖然一度差一點危及到奧帝國的命脈，但多虧施瓦森伯格（一八〇〇～一八五二年）在一八四八年十一月，及時出任首相兼外交大臣，接下來，在他的主政之下，不僅平息了騷亂，還慢慢恢復了奧帝國的地位。

一八五一年十二月，就在法國的路易．拿破崙發動政變的同一個月，奧皇也正式宣布之前在一八四九年的自由憲法作廢，奧帝國又建立起中央集權而專制的政府組織。

奧帝國後來又經歷了很多次的危機，但神奇的是始終能夠維持不墜，直到第一次世界大戰過後才告解體，統治長達六百多年，相當驚人。

從一八四九年開始，奧帝國的內政部長由巴克（一八一三～一八九三年）擔任。巴克希望帝國內的居民（包括獲得自由的農奴），都能發展出一種「哈布斯堡的公民感」，從而增加對於奧帝國的認同，因此從這一年開始，奧帝國大約有十年之久，都是採取中央集權和日耳曼化的政策，被稱為「巴克制度」。巴克特別挑選那些忠於王室的文官，讓他們具有行政及司法的權力，然後派去各地進行治理，從熱鬧的維也納到極為偏僻的小地方，到處都有他們的身影。簡單來說，巴克致力於將整個奧帝國，做為一個不可分割的單一國家來治理。

然而，如前所述，奧帝國畢竟不是單一民族的國家，境內至少有十幾個民族或是語言集團，包括日耳曼人、馬扎爾人以及其他少數民族，而占多數的是各式各樣的斯拉夫民族。從一八五〇年代以後，由於國際間的各種發展，使奧帝國也漸漸改變其基本性質，形成三個主要區域，那就是奧地利、波西米亞和匈牙利。

進入十九世紀以後，由於內部民族複雜、語言繁複，各民族的文化又都不一樣，使得奧帝國不管是在面對民族主義或是工業技術的時代，都出現了相當嚴重的適應困難。

尤其工業技術造成了許多廣泛且深刻的影響，這都是過去專制政府根本不曾設想得到的問題，因此，為了維持政權的穩定，政府自然而然就比以往更注意中央集權和標準化。維也納政府遂盡可能規避民族主義，同時也更無視於自由思想和民主憲政。在這個時候，奧帝國儘管表面上仍然保持統一，實際上早就暗潮洶湧。

到了一八五九年，也就是義大利第二次獨立戰爭期間，由於在義大利戰事的失敗，使得奧帝國終於醒悟到時代不同了，必須改弦更張，爭取人民的支持。同年年底，巴克從內政部長的職位下臺，戈魯霍夫斯基（一八二一～一八七五年）取而代之。

翌年，由地方議會派出代表所組成的國務會議，成員加以擴大，使其較之前具有代表性。與此同時，匈牙利人、波西米亞人（其中以捷克人為主）以及南斯拉夫人，都紛紛要求更多的自治。這就是大多數匈牙利人和南斯拉夫人的共同心聲，他們也並不想摧毀奧帝國，只是想要高度自治。於是，從一八六〇至一八六七年這段期間，是奧帝國一段特殊的政治實驗期，大家都想找出一種最合適的方案，既能滿足民眾希望擁有高度自治的心願，又不至於危害到皇帝的地位。

至一八六七年，一套妥協憲章終於問世，並根據此憲章建立了奧匈兩元帝國，將帝國分為奧地利帝國與匈牙利王國，兩國地位平等，各有其憲法、議會與內閣，但軍政、財政和外交等行政組織則是共同的；兩國也共尊一君，只不過名稱不一樣，在奧地利稱為「帝」、在匈牙利稱為「王」而已。

能夠使這個兩元帝國維繫下來的，還有王室、文官組織等等，哈布斯堡王室就是大家共同的王室。

四年後（一八七一年），奧皇一度計畫要前往布拉格，去加上波西米亞王冕，授予波西米亞與匈牙利的同等地位，而使兩元帝國成為三元帝國，可是後來因為遭到日耳曼人等多方反對而作罷。此舉使得布拉格又失望又生氣，從此占奧帝國人口大約百分之二十三的捷克人，就成了不滿的少數。

2 國際關係的發展

十九世紀下半葉、在德意志帝國完成統一之後，德國便取代了法國，成為西歐與中歐的超級強國。德國的崛起與強大，破壞了歐洲的均勢，使得歐洲局勢有了非常明顯的變化。

這一節我們要講述的重點，就是在這樣的新局面之下，歐洲各列強之間國際關係的發展。我們首先要介紹的是「俾斯麥時期」。

◆俾斯麥時期

俾斯麥做為普魯士首相，前後掌舵近三十年，做得有聲有色。在執政頭十年，為了完成統一，他以打破現狀和挑起戰爭為目的，後二十年則是以維持現況、倡導和平為主旨。在他當權時期，奧、義與德國聯盟，俄國與德國有約，英國的態度雖然不是那麼明朗，但至少可以肯定的是，他們與法、俄的關係更壞，因此不得不與德國保持比較友好的關係。總之，毫不誇張的說，在一八九〇年俾斯麥去職之前，德國無疑是歐洲國際關係的中心。

俾斯麥在完成德意志帝國的統一後，根據德國的利益，設計締造了所謂的「俾斯麥體系」，這個階段（一八七一～一八九〇年）的特色，就是德國的強大、法國被列強孤立，以及英國的不介入。

之前為了追求德意志的統一，俾斯麥挑起了「普丹戰爭」、「普奧戰爭」和「普法戰爭」等三次戰爭，但是他很清楚應該適可而止，如果德國還要繼續擴張，必然會導致歐洲全面性的戰爭，那很可能反而會毀了他苦心打造的帝國。因此在德國統一之後，他的政策很快便調整為「希望能夠維持和平」。

縱觀當時的歐洲情勢，俾斯麥認為能夠影響大局的國家，除了他們自己以外，還有五個國家，分別是法國、英國、俄國、奧國和義大利。如果再做更進一步的分析，俾斯麥認為對新秩序威脅最大的，顯然是法國。

首先，在「普法戰爭」結束之後，法國復原的速度之快，非常驚人。原本《法蘭克福條約》規定，法國做為戰敗國，必須付出五十億法郎的巨額賠償，而且關於怎麼付，細節相當苛刻，不僅規定賠款應該在三年左右付清（想要藉機壓榨法國），還規定在法國沒有繳清賠款之前，德國可以在法國境內駐軍（想要趁機占領法國，因為這樣的做法實在是很不尊重法國的主權啊）。

要在三年左右付清五十億法郎（大約折合兩億英鎊，或是十億美元），當時幾乎所有的人都認為這是一個不可能完成的任務，可法國不僅辦到了，而且還能在期限未到之前就提前繳清，好讓德軍提早離開法國。不僅如此，由於法國的巨額賠款到得太快，簡直就是出乎意料的快，德境一下子湧入大量貨幣，還因此造成了通貨膨脹！

眼看法國的經濟實力如此之強，在「普法戰爭」過後又展開了軍事改革，自強之心一望便知，再加上俾斯麥在德國所採取的鎮制天主教活動的做法，也令法國人普遍深感不滿（因為法國人向來就是以天主教的保護者自居），諸多因素匯聚在一起，使得在一八七五年、也就是法國在付清了巨額賠款之後的兩年左右，很多德國人都在認真討論是否應該先發制人、先對法國開戰。不過，俾斯麥倒是極力否認有攻擊法國的企圖，過了一段時日，一度似乎一觸即發的戰爭陰影才逐漸消散。

然而，從一八七一年開始，德、法之間的關係確實是一直相當緊張，說是互相敵視也不為過，這樣的情況維持了很長一段時間，甚至一直持續至一九一四年。

在俾斯麥時期，還有一件大事值得一提，那就是在一八七三年的「三帝同盟」，

Jules Favre scellant le Traité de Francfort (1871), avec la Bague que lui avait donnée Naundorf.
Ci-contre la Photographie de ce Sceau, prise spécialement au Ministère des Affaires Étrangères.

俾斯麥（左）緊盯著法國的外交部長（右）在《法蘭克福條約》上蓋章。普法戰爭過後，德、法之間的民族衝突加劇。

這是在一種錯綜複雜的國際局勢之下所形成的。先是在這一年的五月，德國與俄國簽了一個軍事協定，雙方約定，如果哪一方受到另一歐洲國家的攻擊，另一方就要出兵二十萬前往援助；一個月之後，奧國和俄國也達成類似的協議，雙方約定，如果一方遭到攻擊，雙方就要立刻互相磋商並且合作一致；同年十月，德國宣布支持奧國與俄國的協定，這就是後世所稱的「三帝同盟」。不過，必須注意的是，這只能算是德國、奧國與俄國之間的一種默契，並沒有什麼具體的條約。

還有一個國家，俾斯麥覺得也特別需要注意的，就是義大利。德國與義大利可以說是共同建國的夥伴，而且在統一完成之後都與天主教不睦。義大利在完成統一建國之後，並沒有停下民族統一的腳步，一度引起德國的為難，直到一八七〇年代，義大利政府有意要壓抑這種民族運動，情勢才趨於緩和。

最後要提的，就是來自近東的危機，這主要自然就是指要密切留意俄國的動靜了。

兩大集團的形成

一八九〇年俾斯麥去職以後，怎麼看都是代表著一個時代的終結。從一八九〇至一九〇七年，在這個階段，俾斯麥不再是中心人物，德國也慢慢喪失了優勢，法國亦擺脫了被國際孤立的狀態。與此同時，一方面法、俄同盟，另一方面英、法以及英、俄之間的關係都取得了諒解緩和，歐洲遂形成兩個互相敵對的國際體系。從一九〇五年以後，各種國際危機就開始層出不窮，發展到最後，一場世界大戰遂終於不可避免。

不過，當歐洲即使分裂為兩個互相敵對的陣營時，兩大陣營之間也並非就毫無合作的機會，原因很簡單，因為最初英國並不在這兩大國際體系中任何一個。從一八九〇年代以來，英國當政者就已愈來愈感到「光榮孤立」並非國家之福，同時，也愈來愈意識到自己一向非常自豪的海軍實力，竟然也漸漸受到了威脅。因此，眼看第四海軍強國的俄國與第二海軍強國的法國同盟，以及俄國海軍預算日增，這些現象都引起英國的高度警覺。

為了因應新的國際局勢的變化，英國海軍部在一八八九年建立了所謂「兩國標準政策」，也就是說英國海軍在實力方面，要保持可以阻擋任何兩個強國海軍聯合的力量。

過了五年、到了一八九四年，當俄、法同盟正式成立之後，英國擴充海軍的步伐就更快了，於是在三年之後、一八九七年，又出現了要建立「三國標準」的呼聲。

事實上，就在建立「兩國標準政策」之後不久，從一八九〇年代開始，英國海軍的預算就明顯倍增，從原本的一千三百萬英鎊，增加至兩千六百五十萬英鎊。

這還沒完，由於德國的加入，海軍軍備競賽的問題從一八九八年以後，就變得更加複雜。

可儘管如此，在一八九〇年代末期，英、德兩國還是不斷在尋求合作的可能，後來是在中國問題上彼此達成了一致。

這得先回頭解釋一下，歐洲列強對於應該如何處理中國問題的歧見在哪裡。英國與法、俄向來有殖民競爭，在中日甲午戰爭以後（我們在下一章中會講到這場戰爭），俄國在中國的侵略行為讓英國非常焦慮，因為英國的態度是希望保留中國市場，所以反對瓜分中國，但英國察覺到俄國似乎並不這麼想。尤其當一八九八年俄國取得旅順、大連（今遼寧省大連市）以後，英國益發感到事態嚴重，接下來在向美國、日本均試探無效之後，遂主動與德國取得諒解，進而兩國之間也展開了接觸。

這樣的接觸，雖然由於兩國對於世界政治的觀點不同，很難有什麼具體的結果。比方說，英國主要的目的是想要維護自己世界帝國的地位，德國則注重自己在歐洲的霸權，並且明顯希望能將歐陸各國的注意力，都轉移到歐洲之外。不過在一九〇〇年、剛剛進入二十世紀的時候，英國與德國還是達成了一項協定，中明在兩國力所能及的範圍之內，要維持中國門戶開放的原則。

英國還希望日本能夠幫忙抑制俄國在中國的行動，在一九〇二年年初，兩國簽定了同盟的盟約，這個同盟最初有過想要邀德國加入的念頭，但後來又放棄了這個想法。這個以維持遠東現狀為目的的盟約，固然減輕了英國在亞洲的負擔，但同時也意味著，英國光是靠自身的力量，已不足以維護他們世界性的利益，因此在國際政治上有著一定的意義。

英國希望能與歐洲各國謀求關係的改善，經過一番努力也有所成效，比方說，與法國總算達成了和解，但與俄國的關係，在十九世紀結束時，則一直是處於敵對的情況。

德國亦曾希望爭取與俄國的合作……

總之，這些歐洲列強彼此之間不斷合縱連橫的結果，就是使歐洲從此形成了兩個互相敵對的集團，而且即使是同盟，也都是建立在恐懼與猜疑之上。更關鍵的是，這些盟約都只強調一旦爆發戰爭應如何互相援助，卻沒有思考大家應該如何互相協調來防止戰爭。

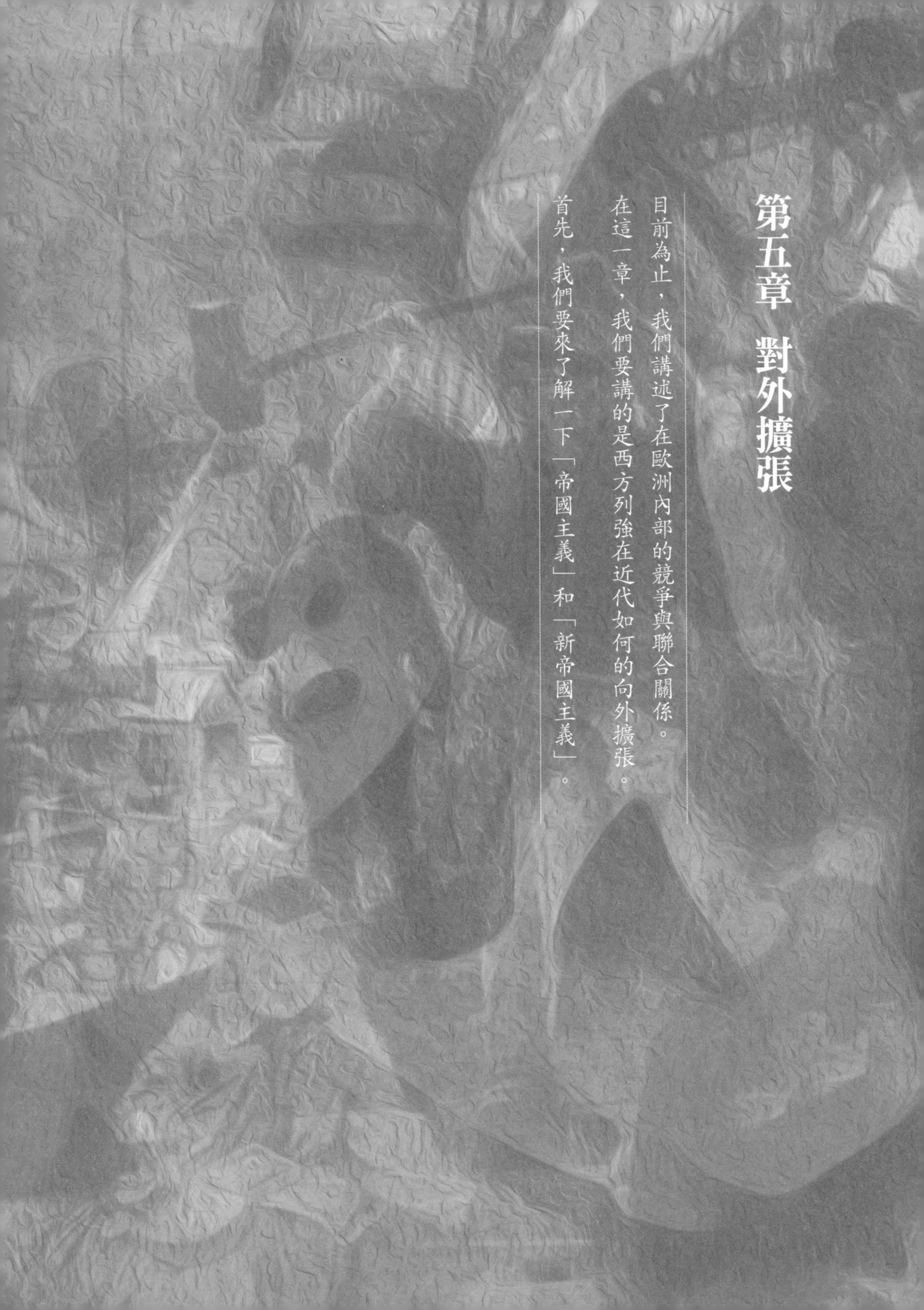

第五章　對外擴張

目前為止，我們講述了在歐洲內部的競爭與聯合關係。
在這一章，我們要講的是西方列強在近代如何的向外擴張。
首先，我們要來了解一下「帝國主義」和「新帝國主義」。

1 新帝國主義與向外擴張

「帝國主義」一詞，在十九世紀末以後開始流行，一開始似乎是表示一種近代的獨裁政治型態，譬如拿破崙三世及其統治下的法國政治制度。後來慢慢演變，在一八七〇年以後，這個詞在英國開始有了特別的政治涵義，不再只是指內政，而是指殖民帝國的建立，以及積極介入世界政治。

◆「新帝國主義」是什麼？

那麼，「新帝國主義」又是什麼呢？這得先從歐洲的對外擴張開始說起。

歐洲向來有對外擴張的傾向。在中古世紀，基督教勢力用征服和傳教的方式，控制了從西班牙至芬蘭的整個區域，這就是一種對外擴張。接下來，哈布斯堡王室的奧帝國，和鄂圖曼土耳其人的回教帝國等等，也是一種擴張。在十五世紀末以後，地理大發現和殖民帝國的建立，那就更是一種典型的擴張了；至於俄國將勢力伸入東亞、中亞和南亞，還有美國的向西拓展，也都是屬於向外擴張。只不過，古代的帝國通常都是純粹靠著武力而建立，而在十六世紀以後，隨著歐洲的擴張所發展的殖民競爭，更多的是商業色彩，然後隨著時代的進步，「擴張」的涵義也益形豐富。

從十九世紀末一直到二十世紀初，西方列強的擴張活動，因為是植根於民族主義和工業經濟，並且以近代科學技術做為憑藉，又採取各種政治、經濟、軍事和文化方面的手段，來控制和滲透一些比較落後的地區，譬如從事種植、礦冶、工廠、鐵路、航運、銀行等等各個領域的經營，同時，為了確保和增加既得利益，他們往往又會在政治上有所行動，因此，涉及的範圍非常之大，影響力也非常之廣，與過去的擴張相比，性質不同，因此被學者們稱為「新帝國主義」。

必須強調的是，參與「新帝國主義」活動的國家，雖然是以西方國家為主，但也不限於西方國家，譬如明治維新之後的日本，全面西化，處處效法西方，也在十九世紀末加入了「新帝國主義」的行列。

「新帝國主義」還會創造出一種政治型態，叫做「勢力範圍」，這是指在一些地區，譬如中國與波斯，當列強在這些地區的勢力不相上下、沒有任何一個國家可以取得絕對優勢的時候，這些列強便會將這個區域劃分為若干，讓大家可以各享特殊利益的範圍，或是達成某種約定。

所以，如果上一章中，當我們講到英國與德國達成協定，要盡量維持中國門戶開放，你會感到奇怪的話，也許現在就能夠明白了。

一八八四年年底由俾斯麥召開的「柏林會議」，召開目的也是赤裸裸的，是為了要協調西方列強在非洲的殖民競爭，當時大多數的歐洲國家以及美國、土耳其等，都派了代表與會。這個會議對於非洲的命運有著極大的影響，同時，也因此造成了日後一些國際關係之所以會那麼緊張的原因。

「新帝國主義」與擴張的原因

那麼，究竟為什麼會興起「新帝國主義」？一般認為，大致不脫以下這幾個原因：

資本主義的發展

認為這是資本主義經濟制度發展之下的必然現象，因為資本主義就是必須不斷的擴張，否則就會趨向死亡。美國的科南特（一八六一～一九一五年）和英國的霍布森（一八五八～一九四〇年）等，都是倡導這樣的解釋，指出帝國主義是所謂剩餘資本

1884年俾斯麥召開「柏林會議」，邀請列強一同討論關於殖民非洲的問題，各國正式開始瓜分非洲。

的結果。後來社會主義分子如馬克思（一八一八～一八八三年）等，也是強調同樣的觀點。

外交政治

認為「新帝國主義」是來自政治因素，特別是外交，譬如俾斯麥主政時期，就積極鼓勵法國做海外發展，因為這樣可以造成英、法之間的殖民衝突，也可以讓法國在海外大有斬獲之餘，減緩對於德國的復仇情緒。又如俾斯麥召開「柏林會議」，也有不少人推測俾斯麥很可能是擔心，如果不把西方列強的力量引導去做非洲的競爭，搞不好這些國家就會在歐洲鬧出別的事端。

民族主義

「新帝國主義」或許是起源自民族主義的力量，因為當這些歐洲各國在形成民族國家，或是完成民族統一之後，對於民族自尊以及國家榮譽的要求，就比以往要強烈得多。而按那個時代的標準，一個大國必須擁有殖民地，才足以表現出富強和優越。因此，法國為了恢復因為「普法戰爭」戰敗而嚴重遭到打擊的聲望，以及英國、德國為了加強帝國防禦，並且增加自身在世界政治中的影響力，都紛紛殖民海外。

進化理論

也可從生物科學的進化理論來解釋「帝國主義」和「新帝國主義」的現象，也就是英國生物學家達爾文（一八〇九～一八八二年）所說的「優勝劣敗，適者生存」。

白種人的負擔

還有一種見解，帶有非常強烈的時代特色，以今天的價值觀來看，恐怕會令人感到相當不適，這就是如英國詩人吉卜林（一八六五～一九三六年）所謂「白種人的負擔」。當時確實有很多歐洲人都堅決相信，他們擁有比較進步的文化，包括語言、宗教、法律和習俗等等，對他們來說，把這些先進的文化介紹給其他的「落後民族」，是一種崇高的責任。也就是說，他們認為這樣的擴張是善意的，是把近代文明傳播到蠻荒地區。

關於「新帝國主義」的問題，是一個非常複雜、龐大而且影響深遠的問題，絕不僅僅只是單一因素所造成，就影響的層面來看，也是遍及全球，幾乎沒有一個地區能夠避免。

2 中日甲午戰爭與八國聯軍

「中日甲午戰爭」與「八國聯軍」，不僅是中國近代史上的重大事件，同時也是牽扯到很多國家的重大國際事件。

我們先來看看「中日甲午戰爭」。

中日甲午戰爭

在「甲午戰爭」之前，儘管已經有過兩次「鴉片戰爭」，且中國都吃了敗仗，但是從客觀條件來說，中國仍然是當時東亞、甚至是整個亞洲國力最強的國家。可是在「甲午戰爭」之後，中國的國際地位就真正的一落千丈，在東亞的地位更是毫無爭議的被日本所取代，因此，儘管清末的自強運動開始得比較早（比日本的明治維新要早了七年），但明治維新顯然是後來居上。

為什麼兩者之間會有這麼大的差別？主要是因為即使大清帝國透過一系列的洋務運動、自強運動之後，似乎有所改變，可實際上政治還是相當腐敗，導致國防軍事可以說是屬於一種「外強中乾」的情況，紀律非常鬆弛，老百姓的生活也依然困苦。但是日本在明治維新之後，就逐步向帝國主義過渡，對外也積極展開了侵略和擴張，而這樣的做法在一定程度上，又得到西方列強的支持。

比方說，美國希望日本成為其侵略中國和朝鮮的幫手；英國希望利用日本來牽制俄國在遠東的勢力；德國和法國為了想要趁亂奪取利益，於是也支持日本侵略中國。只有俄國，雖然對中國的東北和朝鮮都懷有極大的野心，但由於此時感覺準備工作還不夠成熟，因此就對日本採取一種不干涉的政策。正是因為列強的默許、甚至可以說是縱容，成為日本侵略中國非常有利的條件。

一八九四年，朝鮮爆發了「東學黨起義」，朝鮮政府軍在節節敗退之餘，只得向宗主國、也就是大清王朝求援，清廷應邀平亂，日本趁機也火速大舉出兵至朝鮮參與平亂，可是在事平之後卻拒絕撤軍，還攻進韓國的皇宮，襲擊清軍，蓄意挑起戰事。

這年七月，中日正式宣戰。

日本首先擊敗了清廷駐朝鮮的軍隊，進而又越江攻進中國東北本土，拿下了遼東半島。七月下旬，日本先在黃海擊潰李鴻章苦心經營的北洋艦隊，然後又攻進山東半島，進而占領威海衛，從陸地攻滅港內殘餘的北洋艦隊。至此北洋水師全軍覆沒，李鴻章所統率的海、陸軍都已喪失戰力，完全沒有再戰的可能，只能狼狽萬分的以戰敗收場。

按中國的干支紀年，這年是甲午年，因此在中國稱這場戰爭為「甲午戰爭」（在日本稱「日清戰爭」，朝鮮半島稱「清日戰爭」，西方國家則稱「第一次中日戰爭」）。

翌年，大清王朝與日本簽定《馬關條約》，條約的主要內容包括，清廷必須承認朝鮮為一獨立的國家，從此撤出朝鮮半島；割讓臺灣、澎湖及其附屬島嶼給日本；清廷向日本開放杭州、蘇州、重慶等，多個中國內陸的港口城市給日本，並允許日本輪船可以沿內河駛入這些通商港口；此外，清廷做為戰敗國，要向日本賠款，金額達到二・三億兩白銀（其中三千萬兩是中國用來換回遼東半島的費用）等等。

「甲午戰爭」的結果，不僅對當時

1895 年、「甲午戰爭」結束後，清朝代表李鴻章與日本代表伊藤博文於馬關港春帆樓，簽署《馬關條約》。

的東亞局勢影響巨大，影響之深，還直接關係到中國、日本和韓國，這三個國家之後近現代的發展。現在我們集中講述一下關於中國和日本的情況。

戰後的中日

就中國來說，自「鴉片戰爭」所簽定的《南京條約》之後，《馬關條約》是對中國危害最大的不平等條約，臺灣和澎湖因此淪為日本的殖民地，長達五十年之久，至一九四五年、第二次世界大戰過後才結束。允許外國在中國設廠、增闢通商口岸，都便於資本主義國家的資本輸出。巨額的賠款，在很大程度上加重了老百姓的負擔。眼看日本得逞，激發了其他世界列強，也都想在中國實現帝國主義的野心等等。

「甲午戰爭」是列強企圖瓜分中國的開端。就在《馬關條約》簽定之後的第二年，俄國以他們逼迫日本歸還遼東半島有功為由，與清廷簽署了一份中俄密約。不料，密約內容外洩，列強遂紛紛爭相在中國劃出勢力範圍、租借與租借地，譬如俄國在一八九八年租下了旅順與大連兩個港口，德國則強占了膠州灣等等。「甲午戰爭」和《馬關條約》，大大加深了中國社會的半殖民地化。

另一方面，清軍在「甲午戰爭」中的慘敗，不僅使中國成為列強鯨吞蠶食的對象，對外標誌著中國的國際地位極其低落（與此同時，日本則因此役躋身於列強之林），對內則充分證明了洋務運動的失敗。從清廷開展洋務運動之後，所曾帶來的一些煥然一新的氣象，原來只不過是大清王朝的迴光返照，因此，這場慘痛的教訓逼得中國的知識分子，開始做更高層次的反思，也促使清廷內部改革派對自身的問題有所檢討，多少推進了一些政治制度的改革。只不過，此時國祚已經近三百年的大清王朝，弊病之深，實在已經是積重難返了。

反觀日本，在「甲午戰爭」之後，經濟迅速發展，國力更加強大。同時，從一八八九年《大日本帝國憲法》的發布開始，到一八九四年，透過日、英通商航海條約取消了領事裁判權（也就是撤除了部分不平等條約），再到「中日甲午戰爭」打了一場大勝仗，證明日本「脫亞入歐論」已初步獲得了成效。

尤其「中日甲午戰爭」不僅是日本在明治維

繪製於 1890 年代的《時局圖》，描繪當時中國的領土被不同動物（國家）占據。

新之後，第一次經歷的大規模的對外戰爭，也是日本近代史上第一場獲勝的戰爭，不管是對日本或是對當時的歐美列強，都有著巨大的象徵意義。比方說，這場戰爭改變了東亞地區，之前由英國與俄國對立和爭霸的格局，導致數年後的「英日聯盟」（一九〇二年）以及「日俄戰爭」（一九〇四年），並且在「日俄戰爭」結束後，歐美列強為了表示對日本國際地位的認同，還紛紛把日本設置在海外的外交代表機構升格為大使館。

雪上加霜的八國聯軍

在「中日甲午戰爭」結束的短短六年後，又爆發了「八國聯軍」。一九〇〇年，為了對抗清廷的宣戰以及鎮壓義和團運動，英國、美國、法國、德國、俄國、日本、義大利、奧匈帝國，八個國家一起攻入了清廷的首都北京。

這場戰爭的導火線是因為德國的駐華公使遭到殺害。當義和團開始打著「扶清滅洋」的旗號大舉進京，聲稱要所謂的「勤王」，然後肆無忌憚的殺害外國人、迫害中國基督徒、搗毀洋行，甚至攻擊外國使館和機構、攻進天津租借時，各國公使均一致要求清廷，應該盡速取締義和團，可是都沒有得到清廷的積極回應，

勤王——「勤王」是一個封建制度下的詞語，指君王有難，臣下起兵救援君主。

於是，終於引發了「八國聯軍」。

「八國聯軍」直接造成義和團被消滅，而由於京津一帶清軍的潰敗，迫使慈禧太后（一八三五～一九〇八年）挾著光緒皇帝（一八七一～一九〇八年）逃往西安。最後，清廷與十一個國家（當然包括出兵的八國在內）簽定了《辛丑條約》，內容包括今後北京使館區及北京至山海關鐵路沿線，將交由外國駐軍；禁止中國人民再成立什麼「反帝組織」等等。當然，清廷得再次付出龐大的賠款，數額之高，前所未有。

對於這次的賠款數額，西方列強是有「考究」的；此時中國人口是四億五千萬，因此賠款數額就定為四億五千萬兩，意思是要每一個中國人都向他們交一兩白銀的罰金。

中國在《辛丑條約》喪失了很多國家主權，徹底成為半殖民地、半封建的社會，而且前幾年「中日甲午戰爭」的賠款還沒還完，現在又增加了這麼一大

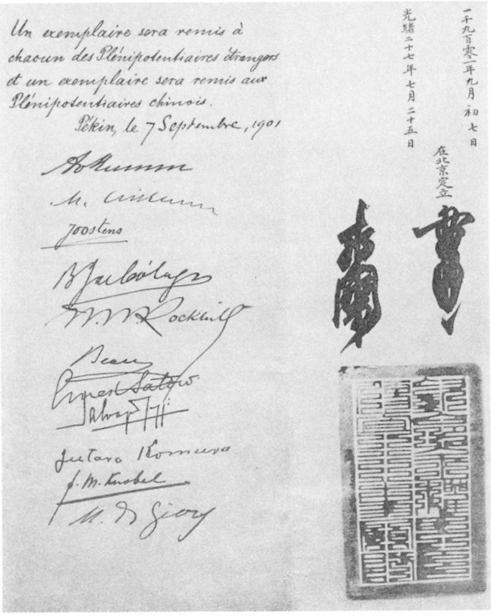

1901 年簽定的《辛丑條約》。

筆賠款，可想而知，立刻就造成清廷的財政狀況更加惡化，中國的經濟更加凋敝，老百姓的生活更加困難，清廷更是益發毫無威信。可以說「八國聯軍」加速了清朝的滅亡。

第六章　補充：近代西方的科學與文藝突破

從十九世紀中葉一直到二十世紀初期，
近代西方文化創造了另一個高峰，在各個領域都有突出的成就。
也正因為如此，「走向專業化」是這個時期的學術特色，
如今再了不起的天才，也不太可能同時掌握所有領域的專業知識了。

1 自然科學

這個時期表現最亮眼的當首推自然科學，尤其是生物學，英國的達爾文（一八〇九～一八八二年）當然是代表人物。一八五九年，達爾文的《物種起源》出版，指出各種生物都受到生存競爭、自然淘汰等自然律的支配，都是經過長期演變才發展成功。達爾文的學說不僅促成生物科學的革命，也改變了過去大家對於人在自然界地位的看法。

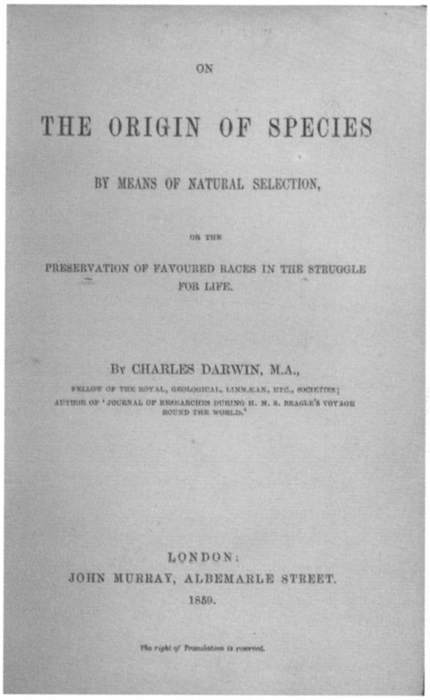
ON

THE ORIGIN OF SPECIES

BY MEANS OF NATURAL SELECTION,

OR THE

PRESERVATION OF FAVOURED RACES IN THE STRUGGLE FOR LIFE.

By CHARLES DARWIN, M.A.,

FELLOW OF THE ROYAL, GEOLOGICAL, LINNÆAN, ETC., SOCIETIES;
AUTHOR OF 'JOURNAL OF RESEARCHES DURING H. M. S. BEAGLE'S VOYAGE ROUND THE WORLD.'

LONDON:
JOHN MURRAY, ALBEMARLE STREET.
1859.

The right of Translation is reserved.

1859 年出版的《物種起源》首頁。

此後，生物科學的發展突飛猛進，在《物種起源》出版六年後左右，奧國修道士孟德爾（一八二二～一八八四年）以豌豆做實驗，發現遺傳有「隱性」和「顯性」兩種因素，也發現體質與官能的變異是起於「突變」，為遺傳問題的研究奠定了基礎。

生理學和醫學的發展，在十九世紀也相當顯著，最重要的是由於麻醉學的進步，使得許多過去沒有辦法進行的手術，終於得以進行。

科學技術與物質建設，也在這個時期大放異采，包括鋼鐵工業、交通運輸（火車、輪船以及航空事業的萌芽），還有能源工業（電力、石油、引擎、內燃機等）、工程建設（譬如蘇伊士、巴拿馬運河的開鑿，巴黎艾菲爾鐵塔的建造等等），都讓人大為驚歎。

一直到十九世紀末，科學研究都流露著樂觀與信心，很多科學工作者都相信不久之後，人類就可以揭穿大自然、乃至人生一切的奧祕，從而可以控制環境。

一九〇五年，瑞士伯恩專利事務所裡，一位年僅二十六歲的職員愛因斯坦（一八七九～一九五五年），發表了《相對論》，指出所有各種能量都是經由量子所發出，光速為一常

愛因斯坦因對物理學理論的貢獻，榮獲諾貝爾獎。他的卓越表現，使他被稱為「世紀天才」。

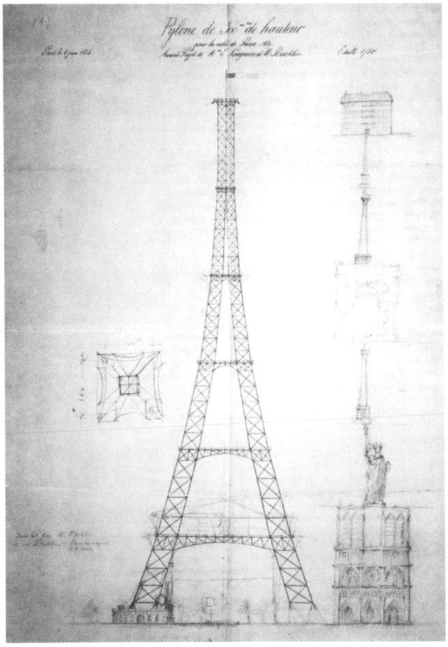
艾菲爾鐵塔的設計草稿。

數，而其他度量標準，就觀察者所處的位置與運動而言，則是相對的。過去牛頓（一六四三～一七二七年）的物理學，是將空間、時間與運動視為恆常，因此，愛因斯坦的論點真可說是石破天驚。

2 心理學

隨著生物學與生理學的發展，心理學也有了很大的推進。德國學者馮特（一八三二～一九二〇年）是實驗心理學的奠基者，他在一八七二年出版的《生理心理學原理》，詳細討論了人類思想與行為的物理基礎。

在一八九〇年代的心理學研究，大多都是假定藉著動物實驗可以了解人類的行為，俄國學者巴伏洛夫（一八四九～一九三六年）是此派的代表人物。他以狗做為實驗對象，在先給予受測狗固定的信號之後再餵食，這樣經過一段時間，發現狗竟然在一見到那個信號之後，就會

巴伏洛夫是俄羅斯的生理學家和心理學家。他曾以狗進行實驗，發現環境以及後天訓練對於狗的反應有所影響，形成制約反射理論。

有所反應，即使不給牠食物，牠也會照樣流口水，這就是所謂的「交替（制約）反射」。巴伏洛夫指出，由此可見環境、訓練和教育，對一個人所能產生的重大影響。

不過，這種似乎有些過分重視生理基礎的說法，激發了另外一種心理學派的興起，也就是心理分析。此派（心理分析學派）的開山大師為奧籍猶太人佛洛依德（一八五六～一九三九年）。佛洛依德是一個醫生，對神經學很感興趣，注意到很多歇斯底里症的形成，以及精神錯亂的根源，都來自於病人早年的生活經驗，尤其是與性有關的記憶。當時醫學界對這一類病人，治療大多都是採用催眠術，讓病人在受到催眠的狀態下談話，可是佛洛依德認為催眠治療並不能維持較久的效果，而且還容易使病人產生感情轉移的現象，把情感轉移到醫生的身上，因此他主張用自由聯想來代替催眠，讓患者在舒適的情況下，敘述自己的遭遇。

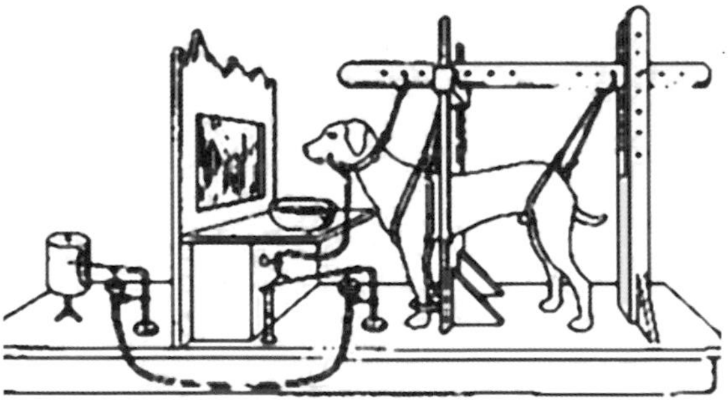

巴伏洛夫的制約反射實驗示意圖。

一八九九年，佛洛依德出版了《夢的解析》，五年後又出版《日常心理病理學》，他重視的是潛意識或下意識對人類思想與行為的作用。

佛洛依德的學說影響巨大，而且不僅只局限於心理學的層面，對社會科學與藝術也都有所影響。比方說，他在一九一二年出版的《圖騰與禁忌》裡，提出了「社會控制是源自部落儀式和習俗」的見解，建立社會學中一大理論。

奧地利心理學家佛洛伊德，被視為精神分析的建立者。

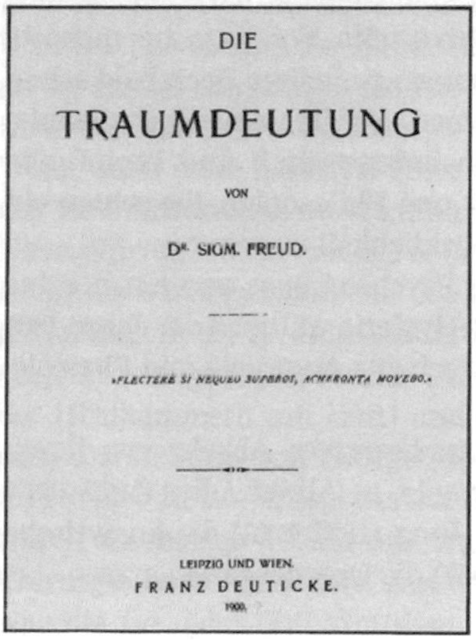

DIE

TRAUMDEUTUNG

VON

Dr. SIGM. FREUD.

»FLECTERE SI NEQUEO SUPEROS, ACHERONTA MOVEBO.«

LEIPZIG UND WIEN.

FRANZ DEUTICKE.

1900.

《夢的解析》第一版的首頁，為德文版本。

3 哲學與社會科學

在十八世紀末到十九世紀初期，「唯心論」和「功利主義」的哲學曾經盛極一時，德國學者康德（一七二四～一八〇四年）、黑格爾（一七七〇～一八三一年）以及英國學者邊沁（一七四八～一八三二年）等，都是傑出的代表。

「唯心論」在十九世紀下半期又有了新的發展，這個時期的學者常常被稱為「新唯心論者」，他們仍然相信「心」的作用，也重視直覺。

「實證主義」則為法國人孔德（一七九八～一八五七年）所創立，他的成就在於把哲學科學化。所謂「實證」，就是相信經驗，注重事實的搜集，並且探求它們之間的關係。

十九世紀最了不起的哲人，當屬德國的叔本華（一七八八～一八六〇年）和尼采（一八四四～一九〇〇年）。叔本華受康德與東方宗教的影響，比較悲觀，同時，他主張所謂的「實在」既非精神，亦非物質，而是存在於人和宇宙之間，一種盲目的推動力，叔本華稱之為「意志」。他說，這種「意志」經常是無意識也無目的，只是為了存在而努力的一種努力，這就是「生存意志」。

尼采則將叔本華的「生存意志」修改為較積極的「權力意志」，認為「權力意志」是人類的基本動力，因為人永遠都想要達到更高、更有權勢的地位。

法國哲學家柏格森（一八五九～一九四一年）的「創造演進論」也很突出，認為直覺是一種創造性的力量，可以使人對智力做最佳應用，而且認為所謂的「演化」，並不是由一種有規律的變化來進行，而是由蓬勃的生氣為生命帶來新的型態。

美國興起的「實用主義」，也是這個時期的特點。這個學說重視知識與行為之間的關係，簡單來說，就是認為知識是從行為產生，而又成為行為的工具。

社會科學在此時期也有相當不錯的發展，譬如，法國人勒龐（一八四一～一九三一年），致力於研究群眾為什麼會產生不合理性行為的根源；另一法國學者涂爾幹（一八五八～一九一七年）認為宗教與道德是源自於社會的「集體意識」，但他同時也指出，宗教是一個龐大的社會力量，可以滿足很多人的社會需要。

經濟學、政治學在此階段也大有發展，日益系統化。

4 文學與藝術

在這個時期，文學與藝術的發展也相當可觀。

先看文學。英國、法國、美國的文學都很發達，俄國文學更是在此時期大放異采。

以風格來說，在十九世紀前期，浪漫主義是支配文壇的主流，後期則是寫實主義和自然主義卓然有成。「寫實主義」是致力於描寫人生的真實樣貌，不加以理想化；而所謂的「自然主義」，是指主張對於社會各方面，做冷靜而徹底的檢討。總之，在這個時期，作家們對於人類的心理和社會問題，都表現出極大的興趣。

同時，到了十九世紀和二十世紀之交，由於注重寫實以及反應現實，小說家們都努力發掘個人的內在世界，也非常重視心理刻畫，獨白、意識流等手法，都是在這個時期所發展起來的。

近代藝術在這個時期的成就也很突出，以繪畫來說，諸如非常重視光與色之間關係的「印象派」，代表畫家如法國的莫內（一八四〇～一九二六年）；認為

印象派藉著光與色彩的變化，來描繪畫家所捕捉到的瞬間景象。圖為莫內《印象・口出》，被視為印象派的始祖畫作。

能表現出意義才是藝術目的的「後印象派」，代表畫家如荷蘭的梵谷（一八五三～一八九〇年）；用色很狂放的「野獸派」，代表畫家如法國的馬蒂斯（一八六九～一九五四年）；重精神而輕感官的「立體派」，代表畫家如出生在西班牙、但生活在法國的畢卡索（一八八一～一九七三年）等等。

在戲劇方面，挪威戲劇作家易卜生（一八二八～一九〇六年）和英國劇作家蕭伯納（一八五六～一九五〇年）發展出「問題劇」，把一些社會問題展示在公眾的面前，以喚起公眾對這些問題的重視。

建築則在這個時期表現出高度的多樣性，重視功用的「功能主義」大行其道。此外，在十九世紀之末至二十世紀之初，首先在美國芝加哥流行起來的摩天大樓，也漸漸為世界其他地區所普遍的接受。

後記

讀歷史要有時間感

管家琪

拿破崙！我們這一卷一開始，就是講述拿破崙的故事。

十九世紀法國作家、《紅與黑》的作者司湯達（一七八三～一八四二年），曾經如此形容拿破崙：「在這個世界上沒有一個人可以與他相提並論，拿破崙是在向世界證明，經過多少個世紀之後，凱撒和亞歷山大終於後繼有人。」

贊同司湯達的人還真不少，以至於很多人都將拿破崙稱為「拿破崙大帝」（我們在卷二《上古史I》中，講述過亞歷山大大帝與凱撒大帝）。

拿破崙確實是一個非常不凡的人物，他的一生實在是太精采了，但由於篇幅的關係，我們只能就他人生軌跡做一個清楚的交代，這樣至少大家在做延伸閱讀的時候，能有一個基礎。

在這一卷中，第二章「世界性的重大轉折」以及第三章「世界性的重大事件」，我們都是在一段特定的時間之內、在全世界的範圍之內，挑選出幾個重要的主題，然後將它們按照起始時間的先後順序來講述，因此，從世界史的角度來看，不僅是有縱向的講述，也有橫向的講述，比方說，看了第三章，就可以知道中英第二次鴉片戰爭，發生在美國南北戰爭之前，而美國南北戰爭又是發生在日本明治維新之前……

讀歷史，掌握時間感是很重要的。

其實，注重時間感、尤其是同時注重縱向和橫向的時間感，本來就是我們這套【少年愛讀世界史】的特點之一，只不過在這一卷中，剛好針對這一點有更突出的展現，所以還是要提醒大家一下。

在第四章中，我們看到了義大利和德意志的統一建國，而在第五章看到了新帝國主義是如何向外擴張……這一卷的內容因為有很多都是與政治和軍事有關，以至於關於近代學術這個部分，實在找不到什麼適合的地方安排進去，可是這一部分又很重要，因為從十九世紀中葉一直到二十世紀初期，近代西方文化創造了另一個高峰，在各個領域都有突出的成就，我們不能沒有概念啊，於是就以第六章「補充」的方式，放在最後才介紹了。

參考書目

1 《世界通史》，王曾才／著，三民書局出版，二〇一八年五月增訂二版。

2 《寫給年輕人的簡明世界史》，宮布利希／著，張榮昌／譯，商周出版，二〇一八年三月二版。

3 《BBC 世界史》，安德魯・馬爾／著，邢科、汪輝／譯，遠足文化出版，二〇一八年九月二版。

4 《世界史是走出來的》，島崎晉／著，黃建育／譯，商周出版，二〇一七年五月初版。

5 《世界史年表》，李光欣／編，漢宇國際文化出版，二〇一五年八月初版。

6 《西洋通史》，王德昭／著，商務印書館出版，二〇一七年五月初版。

7 《西洋上古史》，劉增泉／著，五南圖書出版，二〇一五年八月初版。

8 《從黎明到衰頹》上、下冊，巴森／著，鄭明萱／譯，貓頭鷹出版，二〇一八年二月四版。

9 《西洋中古史》，王任光／編著，國立編譯館出版，二〇〇〇年八月初版。

10 《文藝復興時代》，王任光／著，稻鄉出版，二〇〇二年十一月初版。

11 《西洋近世史》，王曾才／編著，正中書局出版，二〇一二年四月三版。

12 《西洋現代史》，王曾才／著，東華書局出版，二〇一三年六月七版。

13 《西洋現代史》，羅伯特・帕克斯頓、朱莉・何偉／著，陳美君、陳美如／譯，聖智學習亞洲私人有限公司台灣分公司出版，二〇一六年十一月初版。

14 《影響世界歷史 100 位名人》，麥克・哈特／著，趙梅等／譯，晨星出版，二〇〇〇年十二月初版。

15 《中國通史》上、下冊，傅樂成／編著，大中國圖書出版，二〇一一年十月二十七版。

16 《中國近代史》，薛化元／編著，三民書局出版，二〇一八年二月增訂七版。

17 《中國現代史》，薛化元、李福鐘、潘光哲／編著，三民書局出版，二〇一六年二月增訂五版。

財富與廢物 wealth and waste

馬可尼 Guglielmo Marconi

馬克思 Marx

馬志尼 Mazzini

馬蒂斯 Matisse

十一畫

勒龐 Le Bon

婁羅伯 Robert Lowe

康德 Kant

梅特涅 Metternich

梵谷 Van Gogh

畢卡索 Picasso

莫內 Monet

十二畫

喬治・義律 George Elliot

富爾敦 Robert Fulton

提羅爾 Tyrol

斯托夫人 Harriet Beecher Stowe

馮特 Wundt

黑格爾 Hegel

十三畫

塔列蘭 Talleyrand

愛因斯坦 Einstein

愛迪生 Thomas A・Edison

愛爾巴島 Elba

滑鐵盧戰役 Battle of Waterloo

群眾政治 mass politics

聖赫勒納島 Saint Helena

葛蘇士 Louis Kossuth

達爾文 Darwin

十四畫

實在 reality

維多利亞時代的英國

Victorian England

十五畫

德帝威廉一世

Emperor Wilhelm I of German

德帝威廉二世

Emperor Wilhelm II of German

摩爾達維亞 Moldavia

鴉片戰爭 Opium War

十六畫

蕭伯納 Bernard Shaw

霍布森 Hobson

十八畫

《鎖國令》seclusion orders

十九畫

邊沁 Bentham

二十二畫

蘇伊士運河 the Suez Canal

專有名詞中英對照

四畫

孔德 Comte
巴伏洛夫 Pavlov
巴拿馬運河 Panama Canal
巴黎公社 the Paris Commune
戈魯霍夫斯基 Goluchowski
牛頓 Newton

五畫

加里波底 Garibaldi
加富爾 Cavour
史蒂芬生 George Stephenson
尼采 Nietzsche
瓦特 James Watt

六畫

吉卜林 Kipling
因斯布魯克 Innsbruck
西華德 W・H・Seaward

七畫

佛洛依德 Freud
李將軍 General Robert E. Lee
貝爾 Alexander Graham Bell

八畫

亞歷山大大帝 Alexander the Great
叔本華 Schopenhauer
孟德爾 Mendel
易卜生 Ibsen
法王路易十四 Louis XIV of France
法王路易十五 Louis XV of France
法王路易十六 Louis XVI of France
法拉第 Michael Faraday
金元外交政策 dollar diplomacy
阿雅秀 Ajaccio
雨果 Victor Hugo

九畫

俄皇亞歷山大二世
Emperor Alexander II of Russia
俄勒岡州 State of Oregon
南丁格爾 Florence Nightingale
南北戰爭／美國內戰 American Civil War
哈布斯堡 Hapsburg
威斯特摩蘭縣 Westmoreland County
施瓦森伯格 Schwarzenberg
柏思麥 Henry Bessemer
柏格森 Bergson
查理・義律 Charles Elliot
查理頓 Charleston
科南特 Conant
美國總統米勒德・菲爾莫爾
Millard Fillmore
美國總統狄奧多・羅斯福／老羅斯福
Theodore Roosevelt
美國總統林肯 Abraham Lincoln
美國總統門羅 James Monroe
美國總統約翰・亞當斯 John Adams
美國總統約翰・昆西・亞當斯
John Quincy Adams
美國總統富蘭克林・羅斯福／小羅斯福
Franklin Delano Roosevelt
英女王維多利亞
Queen Victoria of the United Kingdom

十畫

俾斯麥 Bismarck
拿破崙 Napoleon Bonaparte
《拿破崙法典》Code Napoleon
格萊理 Horace Greeley
格蘭特將軍 Ulysses S. Grant
格蘭德河 Rio Grande
桑特堡 Fort Sumter
泰迪 Teddy
涂爾幹 Durkheim
特拿 Frederick Jackson Turner

XBLH0008

少年愛讀世界史 卷 8
近世史 II 鐵血宰相俾斯麥的時代

作者｜管家琪

字畝文化創意有限公司
社長｜馮季眉　編輯｜戴鈺娟、徐子茹、許雅筑、陳曉慈　行銷編輯｜洪絹
全套資料顧問｜劉伯理　歷史學習單元撰文｜曹若梅　特約圖片編輯｜陳珮萱、楊正賢
人物漫畫｜劉 婷　地圖繪製｜廖于涵　美術設計｜黃子欽　封面設計｜ Joe Huang

讀書共和國出版集團
社長｜郭重興　發行人兼出版總監｜曾大福
業務平臺總經理｜李雪麗　業務平臺副總經理｜李復民
實體通路協理｜林詩富　網路暨海外通路協理｜張鑫鋒　特販通路協理｜陳綺瑩
印務協理｜江域平　印務主任｜李孟儒

發行｜遠足文化事業股份有限公司
地址｜ 231 新北市新店區民權路 108-2 號 9 樓
電話｜ (02)2218-1417　傳真｜ (02)8667-1065
電子信箱｜ service@bookrep.com.tw　網址｜ www.bookrep.com.tw

法律顧問｜華洋法律事務所　蘇文生律師
製版｜軒承彩色印刷製版公司　印製｜通南彩色印刷公司

2021 年 9 月　初版一刷　定價：420 元
書號：XBLH0008
ISBN：978-986-5505-66-0

國家圖書館出版品預行編目 (CIP) 資料
少年愛讀世界史．卷 8, 近世史 II：鐵血宰相俾斯麥的時代 / 管家琪著．-- 初版．-- 新北市：字畝文化出版：遠足文化事業股份有限公司發行, 2021.09
面；　公分
ISBN 978-986-5505-66-0(平裝)
1. 世界史 2. 通俗作品
711　　110004200